70歳からの人生を豊かにする

お金の新常識

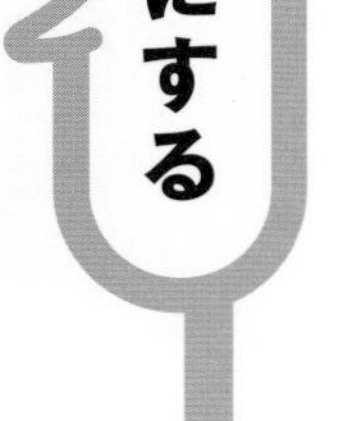

ファイナンシャルプランナー
畠中雅子

高橋書店

貯金減少、医療費・介護費用、
家のこと、これからのこと……
70代になってもお金の心配はつきもの。
でも正しく知ることで、
不安をゼロに近づける
ことができます。

お金の心配をしてしまう原因の一つには、
現状や将来のお金について、
「数字」できちんとつかめていないことがあります。
70代のお金を考えるには、
まず自分を取り巻くお金の現状を
「できるかぎり数値化する」ことが大切。
自分の置かれている現状を正確に把握すれば、

見えない心配から
解放されるのです。

残りの人生が20年くらいだとすると、

お金の不安におびえながら

暮らすのはもったいないと思いませんか？

自分を取り巻くお金の現状を把握すれば、

「できること」「やるべきこと」「できそうもないこと」

「あきらめたほうがよいこと」に分類できます。

できそうもないことや
あきらめたほうがよいことは、
気にしない勇気も必要。

自分が持つ資産の範囲で、やるべきこと、
死ぬまでにやりたいことを実現させる方法を考え、
心穏やかに過ごしましょう。

はじめに

私がファイナンシャルプランナーになって、30年が過ぎました。その間、たくさんの高齢者の方から生活設計のご相談を受けてきましたが、70歳になっても、「老後」の心配をする時代になったと実感する機会が多くなっています。長生きは喜ばしい反面、お金の面ではリスクになるからです。

体力、気力が落ちてくるとはいえ、まだまだ自分で動ける方の多い70代。70代に入ったら、お金を増やすことは難しいので、持っている資産が「底をつかない」程度に上手に使っていく方法を考えるのが現実的です。同時に、住まいについても考えてみましょう。70代は介護に備えていく時期でもあります。

多くの相談者の方は、「子供には迷惑をかけたくない」とおっしゃいます。ただ、なかなか準備ができないまま、結果的にお子さんたちが負担を強いられるケースも目立ちます。

制度改正によって、特別養護老人ホームが安い施設とはいえなくなっている今、自分の資産で住み替えられる施設を探しておくことは、老後破産を防ぐ確実な方法です。

70代を迎えたら、積極的に運用してお金を増やす必要はありません。**これからの人生を楽しむために、やり残したことがないように、賢く上手にお金を使っていく時期**だと考えましょう。

ファイナンシャル・プランナー
高齢期のお金を考える会 代表
畠中雅子

70歳からの人生を豊かにする

お金の新常識

本書は2023年９月現在の情報をもとに編集しています。法律・助成制度・サービスなどの内容は変わる場合があります。またお住まいの自治体によって制度が異なる場合があります。必ずご自身で確認してください。
本書の内容に従ったことによる不利益について、著者・発行元は責任を負いかねます。

STAFF

イラスト……きなこもち
本文デザイン・DTP……佐藤 潤（スタジオ・パ・マル）
校正……株式会社 ぷれす

第3章 好きなときにちょっとだけ働く

第4章 終の棲家は自宅以外考えられない？ 高齢期の住まいの見直し方

第5章 いちばんの不安

医療・介護にかかるお金はいくら？

第6章 いざというときのための

70代からのお金の残し方

第1章

一生安心のお金の準備とは？

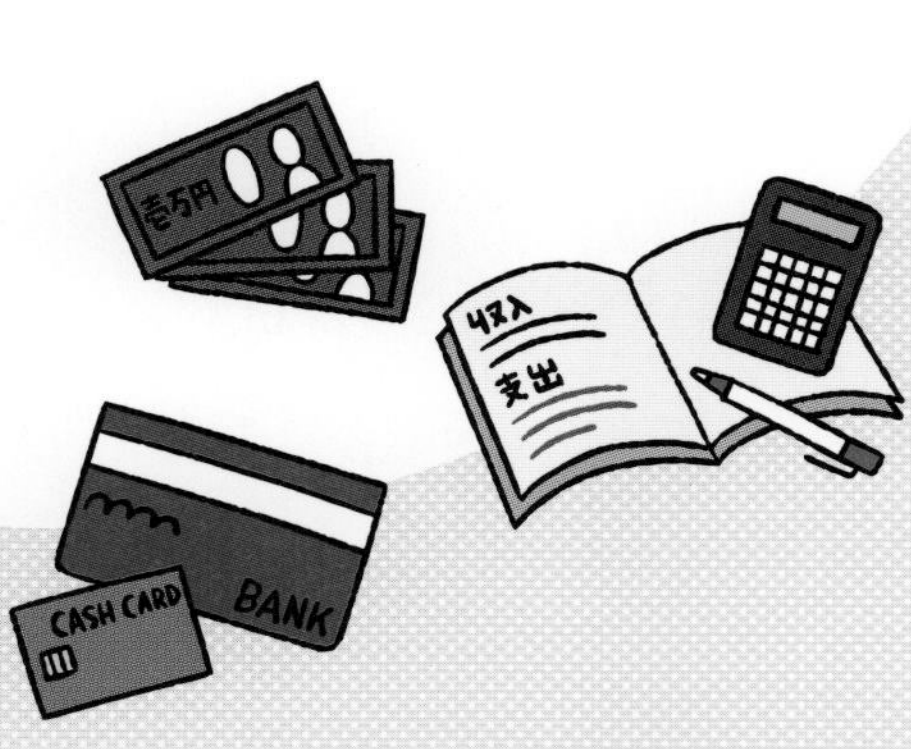

70歳を超えたら「必要な老後資金」は少なくてよくなる

一生安心な貯蓄額は一般論では語れない

70代に入る頃には、リタイア時に比べて、老後資金が減っていくのが自然。1000万円単位で減ってしまったご家庭も少なくないでしょう。何歳まで生きるのかがわからない以上、貯金が底をつく不安を抱える方は多いはずです。

以前、老後資金2000万円不足問題が話題になりましたが、この額は調査から算出した平均値。**各家庭の支出状況で「必要な貯蓄額」は異なるので、気にしすぎない**ことが大切です。

70歳なら老後資金は 2000万円もいらない？

年金の平均受給額		家計の平均支出額		毎月の赤字
21万7726円 夫＝16万3380円 妻＝ 5万4346円	－	26万8508円 65歳以上の夫婦のみの無職世帯の家計収支（非消費支出も含む）	＝	5万782円
「令和3年度厚生年金保険・国民年金事業の概況」（厚生労働省）		「令和4年家計調査年報」（厚生労働省）		

毎年の赤字額		老後の期間（65～90歳）		必要な老後資金
5万782円 ×12か月	×	25年	＝	1523万4600円

老後資金2000万円不足問題と騒がれたときより、じつは金額が大きく減っています！

年齢を重ねれば、必要な老後資金は少なくなる

今の年齢	年間赤字	90歳まで	必要な老後資金
65歳	60万9384円	× 25年	1523万4600円
70歳	60万9384円	× 20年	1218万7680円
75歳	60万9384円	× 15年	914万760円

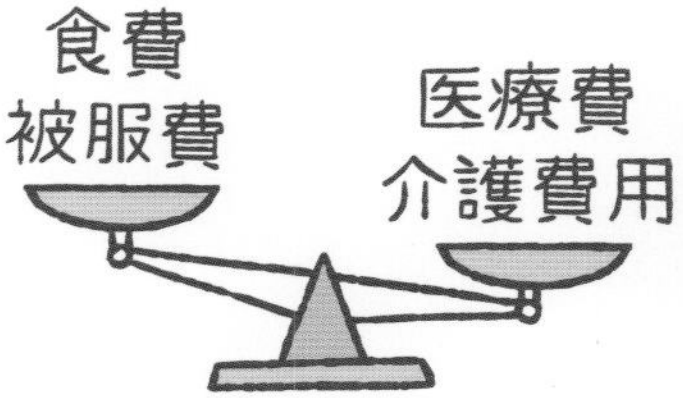

70歳を超えると、食費や被服費など減っていき、医療・介護費用が増えていきます

現在の資産状況をつかんで70代以降の人生設計を立て直す

70代を迎えると家計にも変化が見られます。食費や被服費は自然と減っていき、逆に医療・介護費用が増えていきます。これからは、無理に倹約したり、投資で増やしたりするのではなく、「今あるお金を上手に使っていく」ことが大事になります。

そのためには、まず自分が持っているお金の確認・棚卸しをしましょう。

預金だけではなく、株や投資信託といった運用商品、貯蓄性のある保険、不動産などの資産価値をきちんと把握して、70代以降の人生設計を立てることをおすすめします。

「老後破産の危険度」は1年間の赤字額でつかめる

70代以上の方が心配するのは、「自分が持っている老後資金は、死ぬまで足りるのか」ということではないでしょうか。実際のご相談でも多くの方が、「貯蓄が底をつくかもしれない不安」を口になさいます。

とはいえ、心配していても何も解決しません。不安をやわらげるのに効果的なのは、「数字にして表す」こと。**現時点の資産額と支出額を把握して、「貯蓄が底をつく危険度」を明らかにしましょう。**そのために、「1年間の赤字額の把握」が必要です。これが老後破産の危険度に直結するからです。

「1年間の赤字額」は、月々の赤字の12か月分と、1年分の特別支出の金額で決まります。家計簿をつけている方なら、家計簿から1年間に出た赤字額を累計してみてください。固定資産税や自動車税、家の修繕費用、旅行費用などの特別支出については、家計簿や銀行口座を調べて1年間の総額を計算してください。1年間の赤字額がつかめると、残りの人生で必要な貯蓄額もつかめます。

あなたがこれから必要なお金は？

●1年間の赤字額

A
万円

[求め方]

毎月の赤字額 × 12か月

＋1年分の特別支出

●90歳までの年数

B
年

[求め方]

90歳 － 現在の年齢※

※夫婦の場合、若い人の年齢

●あなたがこれから必要になるお金

A 万円 × B 年 ＝ 円

上記は、今の生活が続く場合の生活費。
病気や介護への備えについては、
本書の後半で説明していきます

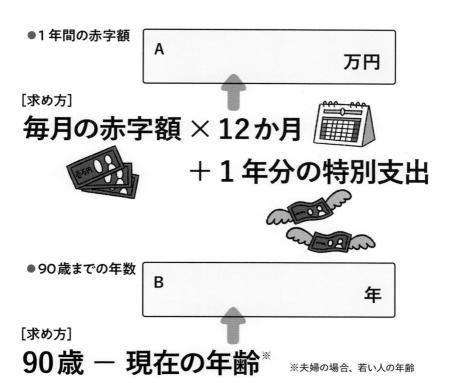

家計簿をつけなくてもいい
必要なのは「年に6回の記帳だけ」

赤字の把握というと「家計簿をつける」と考える方もいると思います。しかし、家計簿では、口座から引き落とされるお金や配当金などのプラスのお金まで、正確につかむのは不可能（至難の業）です。

じつは、家計簿で赤字額を調べる方法以外にも、もっとラクに「1年間の赤字額」をつかむ方法があります。それは、私自身が30年近く実践してきている「貯金簿®」を利用する方法です。**貯金簿は、預貯金や運用商品の現在額、貯蓄性のある保険の払込み済みの保険料総額などを定期的に記録するノートのこと**。何年も使うため、しっかりしたＢ５やＡ４のノートに書くのがおすすめです。貯金簿では、年に６回の記帳だけで、口座の出し入れを含むお金の流れのすべてを正確につかめます。家計簿よりも少ない労力で、１年間の赤字をつかめるのが、貯金簿のメリットです。

貯金簿の記帳間隔について、年金暮らしの方は2か月ごとが適しています。2月、4月、6月、8月、10月、12月、つまり年金の支給月に記帳するのがよいでしょう。年金を受け取る15日から月末までの間に記帳してください。

貯金簿のメリットは、1年間つけ続けなくても「年間の赤字額」がわかること。記帳した日と、その1年前の同じ日（同じ時期でもOK）の貯蓄残高を記帳して、その差額を計算すれば、1年分の赤字額がつかめるからです。家計簿では1年間かかるものが、貯金簿を利用すれば、たった1日で「自分に必要な老後資金額」がわかるのです。

私自身は貯金簿をつけ始めてから、1年間の黒字や赤字を正確につかめています。特別支出を洗い出す必要もありません。加えて、**「1年間の赤字額に、90歳までに残された年数」を掛け合わせれば、この先に必要な老後資金額も簡単に計算できます**。

老後の必要額を計算したら、貯金簿の最新の記帳内容を見て、自分の貯蓄額と比べてみましょう。「貯蓄額÷年間の赤字額＝今の貯金が底をつくまでの年数」です。あと数年で底をつくという方も心配しすぎることはありません。これから、住み替えも含めた生活設計の見直しをすればいいだけです。

次のページには貯金簿の見本と記入欄を設けました。記帳のタイミングで書き入れて今の老後資金について調べてみましょう。

また20ページからは、貯蓄額別の注意点をまとめました。ご自身の貯蓄額をもとに、これからどんな生活を送るのかイメージしながら読んでみてください。

貯金簿を書いてみましょう

金融商品・貯蓄性のある保険など		2月	4月	6月	8月	10月	12月
預金							
小計							
保険							
小計							
運用商品							
小計							
その他の商品							
小計							
貯蓄合計							
貯蓄増減							
住宅ローン残高							
住宅ローン増減							
その他ローン残高							
その他ローン増減							

貯金簿の記入例

金融商品・貯蓄性のある保険など				2月	4月
預金	夫	A銀行	普通預金	253万4259円	251万3298円
			定期預金	300万1491円	300万1491円
		B銀行	普通預金	58万9008円	46万0339円
			定期預金	120万3776円	120万3780円
	妻	C銀行	普通預金	54万5671円	47万8223円
			定期預金	398万7169円	398万7169円
小計				1186万1374円	1164万4300円
保険	夫	D保険	養老保険	89万6000円	91万6000円
	妻	E保険	個人年金保険	265万5000円	265万5000円
小計				355万1000円	357万1000円
運用商品	夫	F証券	株式	255万1098円	256万0771円
		G証券	投資信託		
	妻	F証券	投資信託	176万5478円	181万6432円
小計				431万6576円	437万7203円
その他の商品	夫	H証券	確定拠出年金		
	妻	F証券	個人向け国債	100万0000円	100万0000円
小計				100万0000円	100万0000円
貯蓄合計				2072万8950円	2059万2503円
貯蓄増減				△9万8570円	△13万6447円
住宅ローン残高					
住宅ローン増減					
その他ローン残高					
その他ローン増減					

記帳したら、貯金の減った額を記録します

貯蓄額÷年間の赤字額=今の貯金が底をつくまでの年数です

貯蓄額別でわかる

今後のお金の注意点

貯蓄額 0円～500万円未満の家庭

- **心配なのは「介護費用」が捻出できるか**
- **貯蓄が底をつきかけたら生活保護も視野に**

貯蓄の少ないご家庭で不安なのは介護費用です。介護が始まると、元気なときにはがんばれた節約も難しくなります。貯蓄が底をつきかけたら、生活保護の申請も視野に。全財産が 10 万円を切ったあたりで申請が可能になります。

生活保護には、食費や光熱費などに充てる生活扶助、家賃に充てる住宅扶助、医療費ゼロになる医療扶助、介護費用に充てる介護扶助といった 8 種類の扶助があり、受け取っている年金額と保護費の差額が支給されます。

ちなみに**持ち家に住んでいても、居住地ごとに決められている基準額を下回った評価の家であれば、住み続けられます**。家賃に当たる住宅扶助はもらえないものの、固定資産税は法定免除になります。生活保護の対象になると、在宅での介護費用はもちろん、特別養護老人ホームの多床室に入所した場合の介護費用も支給されますし、お葬式代（直葬）も保護費から支給されます。

貯蓄額500万円～1000万円未満の家庭

- 固定資産税や修繕費用などの特別支出を見積もる
- 賃貸への住み替えで老後資金を増やす方法も検討

貯蓄が1000万円を切っている場合、**日々の生活費は年金額内に収める必要があり、特別支出の管理も大切です**。持ち家なら固定資産税の負担は手放すまで続きますし、家の修繕費用もかかり続けます。自動車を持っていれば、自動車税も払い続けなければなりません。まずは、**特別支出が「年間いくらかかっているか」を、正確につかみましょう**。特別支出が多いと、貯蓄が底をつくおそれがあります。

その場合には、住み替えを検討するという手もあります。住み替えで自宅を売却すると、老後資金を増やせるほか、住み替え先の家賃を抑えられれば、売却資金を手元に残せるメリットが出ます。

家賃を抑えるためには、国土交通省がバックアップしている「セーフティネット住宅」で住み替え先を探す方法や、ケアハウスに住み替える方法もあります。具体的な住み替え先の選択については第4章をご覧ください。

貯蓄額 1000万円～2000万円未満の家庭

- **貯蓄が底をつく危険性のボーダーライン**
- **介護での住み替えにかかる費用も調べておく**

貯蓄が1000万円以上2000万円未満のご家庭は、1年間の赤字額をつかむのが必須。**貯蓄が底をつくかのボーダーラインの額といえるからです**。

この場合に知っておきたいのは、やはり介護のことです。たとえば、単身になってから介護が必要になり、特別養護老人ホーム（特養）への入所を検討するのは、よくあるケース。特養なら安いと思い込んでいる方は多いのですが、2023年現在の制度では、単身者で650万円、夫婦で1650万円以上の資産※があると、補足給付（軽減措置）が受けられません。つまりひと月13～15万円くらいかかるわけです。**介護が必要になっても貯蓄が底をつかないようにするためには、介護にかかる費用や住み替え先の費用などを、調べておく**ことをおすすめします。

※預貯金のほか、運用商品なども含む。詳細は96ページ

貯蓄額2000万円〜3000万円未満の家庭

- **子や孫への援助をしすぎないことが大切**
- **介護での住み替え先は自分の意思で選ぼう**

貯蓄が2000万円以上ある場合、**特別支出をきっちり管理し、お子さんやお孫さんへの援助をしすぎなければ、貯蓄が底をつく心配は少なくなります**。貯蓄が減るペースのチェックをしながら、今まで通りの生活を送れば大丈夫でしょう。

2000万円未満のケースで触れたように、介護が必要になって特別養護老人ホーム（特養）に入所しようと考えた場合、**2000万円以上の貯蓄がある方は、補足給付が受けられません。その分、特養以外への住み替えも選択できます**。具体的には、入居費用の安い介護型ケアハウスや都市部以外の介護付有料老人ホームなども候補にできます。

どんな施設も選べるほどの余裕はないので、施設介護が必要になった場合の住み替え先については、自分の意思で選べるように、元気なうちから積極的に見学することをおすすめします。

貯蓄額 3000万円～5000万円未満の家庭

● 健康保険のきかない治療費にいくらかけるか

● 特別養護老人ホーム（特養）以外の施設介護を検討

3000万円～5000万円の貯蓄があれば、老後破産の心配をする必要はありません。貯蓄の使途の整理をして、「特別支出分」「医療費の備え」「健康保険のきかない医療費分」「介護費用」「レジャー費」などに、どのくらいかけられるかを検討してみましょう。

このうち「健康保険のきかない医療費」とは、インプラント治療や白内障の多焦点レンズ再建術などです。3000万円以上の貯蓄があると、このような治療を受ける選択肢もありますが、数十万円以上かかるものもあります。どのような治療に、いくらくらいの費用をかけても大丈夫そうかを検討しておくことも課題になります。

また、介護保険の自己負担割合が２～３割の方もいるはずです。**２～３割負担の方が特養の個室に入所すると、月額費用は20万円を超えるのが一般的です。地方では介護付有料老人ホームより負担が大きくなる**ケースもありますので、民間施設も視野に入れて調べておきましょう。

貯蓄額5000万円以上の家庭

- 基礎控除を超える相続財産には課税される
- 運用商品の換金問題も理解する

5000万円以上の貯蓄がある場合、相続対策を検討する必要があります。相続税の基礎控除は3000万円。基礎控除額に、法定相続人1人につき600万円を加算した金額を超える相続財産があると、相続税が課されるからです。

貯蓄だけなら基礎控除以下になるご家庭でも、マイホームの相続評価額を含めれば、基礎控除を超えてしまうおそれがあります。同居している配偶者や子ども、あるいは賃貸住まいの子どもがいる場合は、マイホームの相続評価額を減額してくれる特例がありますので、相続のしくみについても勉強する必要があります。

保有資産の中に運用商品が含まれている場合は要注意。**株や投資信託のような値動きをする金融商品の場合、認知症と診断された後は、換金するのが難しくなるおそれがある**からです。運用商品の換金を検討している場合は、「家族信託」を利用して認知症に備える方法もあります。

先立たれた場合に備え
減額後の年金額を調べておく

ご主人、あるいは奥様に先立たれると、年金額は減ります。しかし収入は減っても支出は減りにくいものです。日々の生活費は少し減らせても、固定資産税は変わりませんし、家の修繕費用もかかります。冠婚葬祭費など特別支出もそれほど減りません。

ご夫婦が元気なうちにすべきなのは、区（市）役所や年金事務所などに足を運び、配偶者に先立たれた場合に受け取れる年金額を確認すること。制度が複雑なので、直接出向くのがおすすめです。2人分の年金がもらえるときと、1人分に減ったときの収入の違いがわかっていれば、家計支出の見直し方法を検討できます。

平均寿命は女性のほうが男性より長くても、実際には夫婦のどちらが先に亡くなるかはわかりません。ご主人側は、「自分のほうが先立つ」と思い込んで、1人になったときの生活設計を立てない方が多い傾向にあるのですが、**先立たれたときの生活設計は、ご夫婦ともに考えるべき問題です**。

また入院する際や施設に入居する際は、保証人が必要になります。保証人の役割を誰に依頼するかを、検討する必要も出てきます。

夫が会社員(2号被保険者)で、妻が専業主婦(3号被保険者)の場合

●夫が先に亡くなった場合※

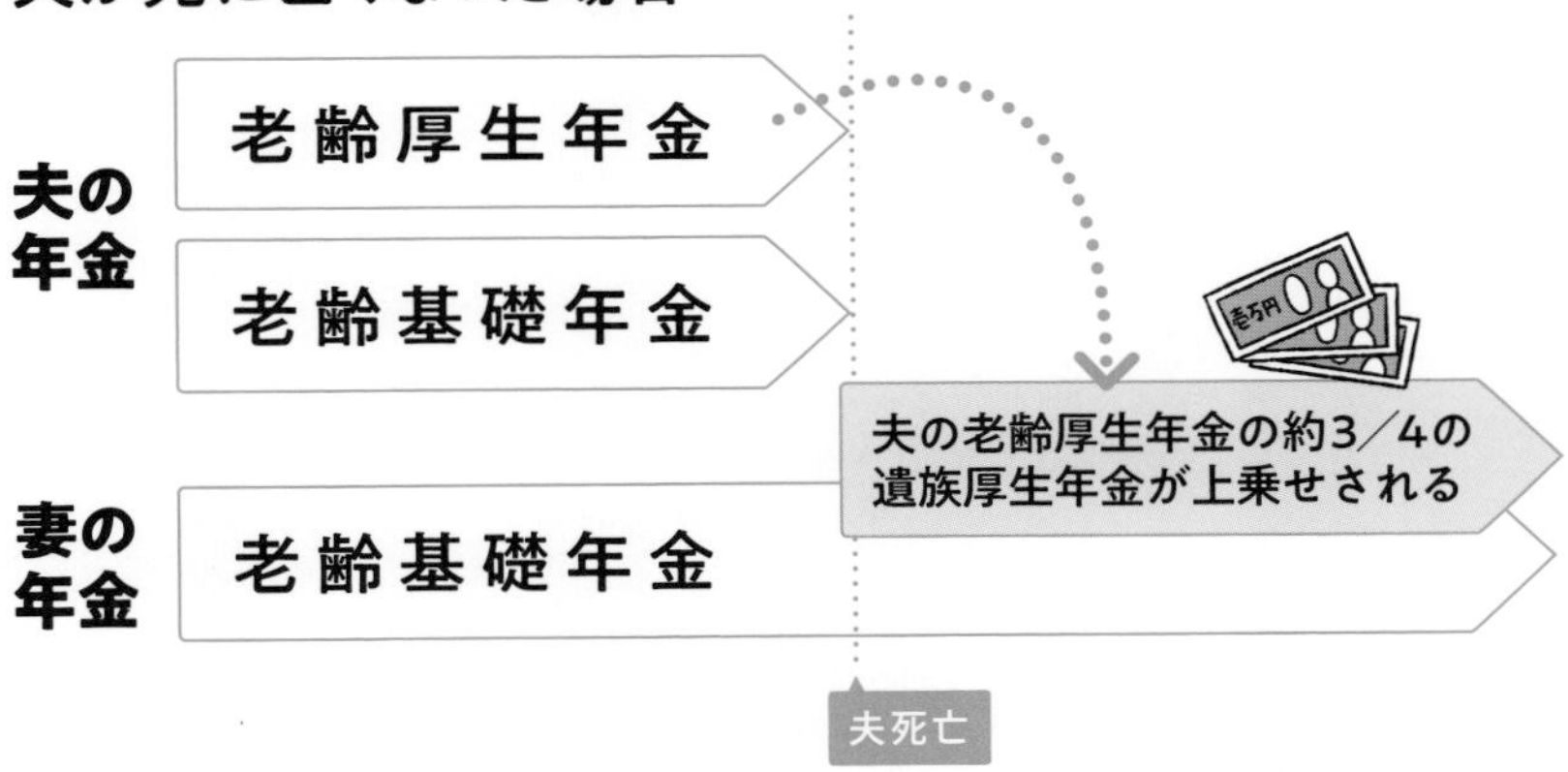

●妻が先に亡くなった場合

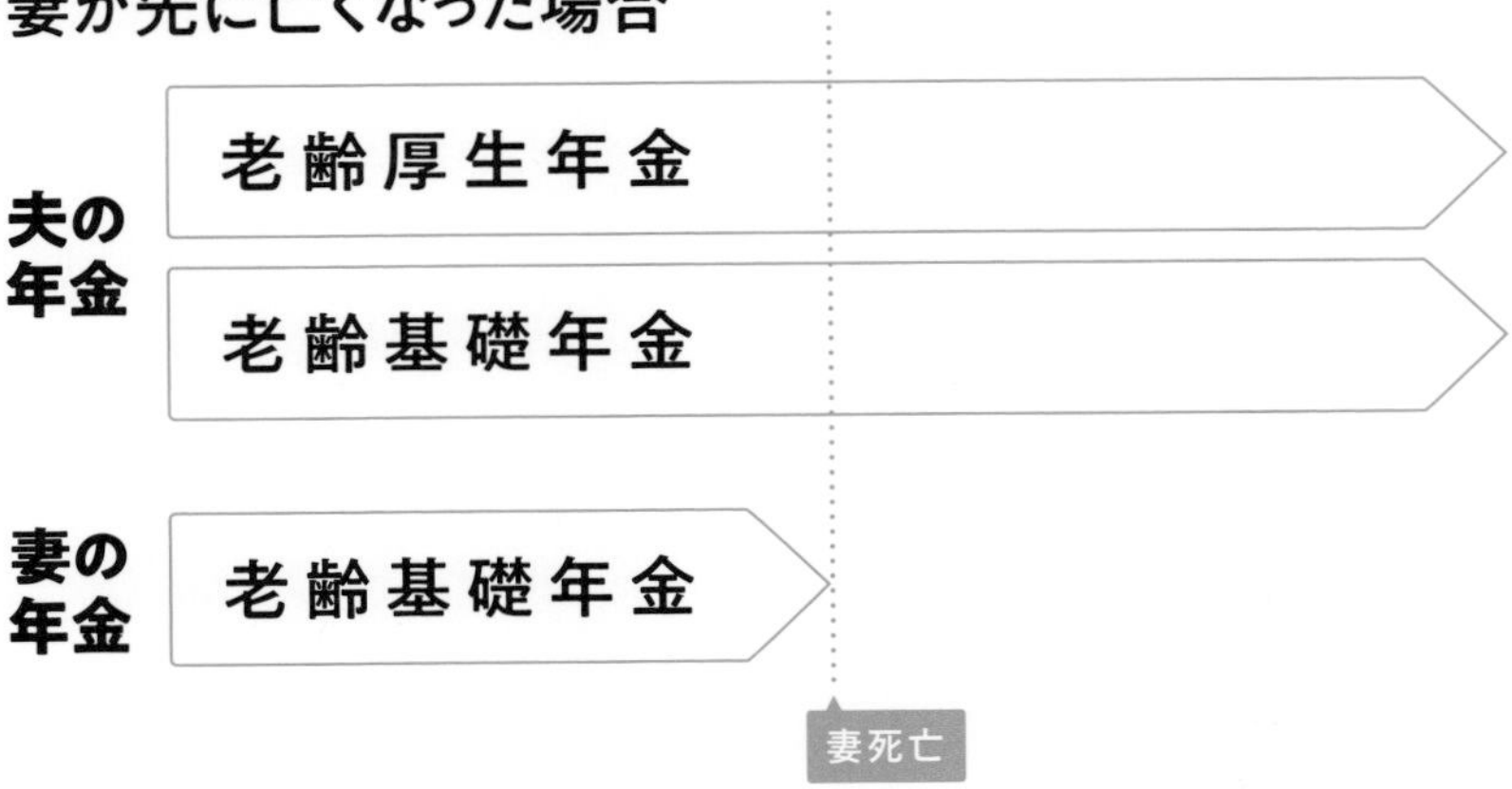

※ 1956年4月1日以前に生まれた方は、経過的寡婦加算を上乗せ支給される場合があります。

子や孫の支援に使いすぎて老後資金が大幅に減少

松元耕造さん（73歳）　松元文香さん（71歳）

リタイアした時点では十分な老後資金を持ちながら、70代に入った頃から老後資金に不安を持ち始めたのは松元さん（仮名）夫婦です。退職金も含めると、65歳時点の貯蓄は4000万円ありました。夫婦で十分暮らせる額だと、松元さんは考えていました。

転機は「孫の教育費援助は節税になる」という話を聞き、私立中学に入学した孫2人に1000万円ずつの教育資金贈与を行ったこと。

教育資金贈与で援助は終わりにするつもりだったのですが、息子から継続的な援助を求められ、断れないまま塾代や講習代など、毎年数十万もの援助を続けることに。貯蓄もみるみる減っていきました。

その結果、希望する高齢者施設への入居も資金面で断念することになり、援助したことを後悔する日々を送っています。

子供や孫のためとなると
つい財布のひもが
ゆるんでしまうことも…
援助は無理のない範囲で

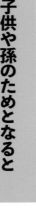

第2章

日々の家計を見直そう

年金の種類としくみを確認しておこう

インフレ（物価高）と年金受給額の関係

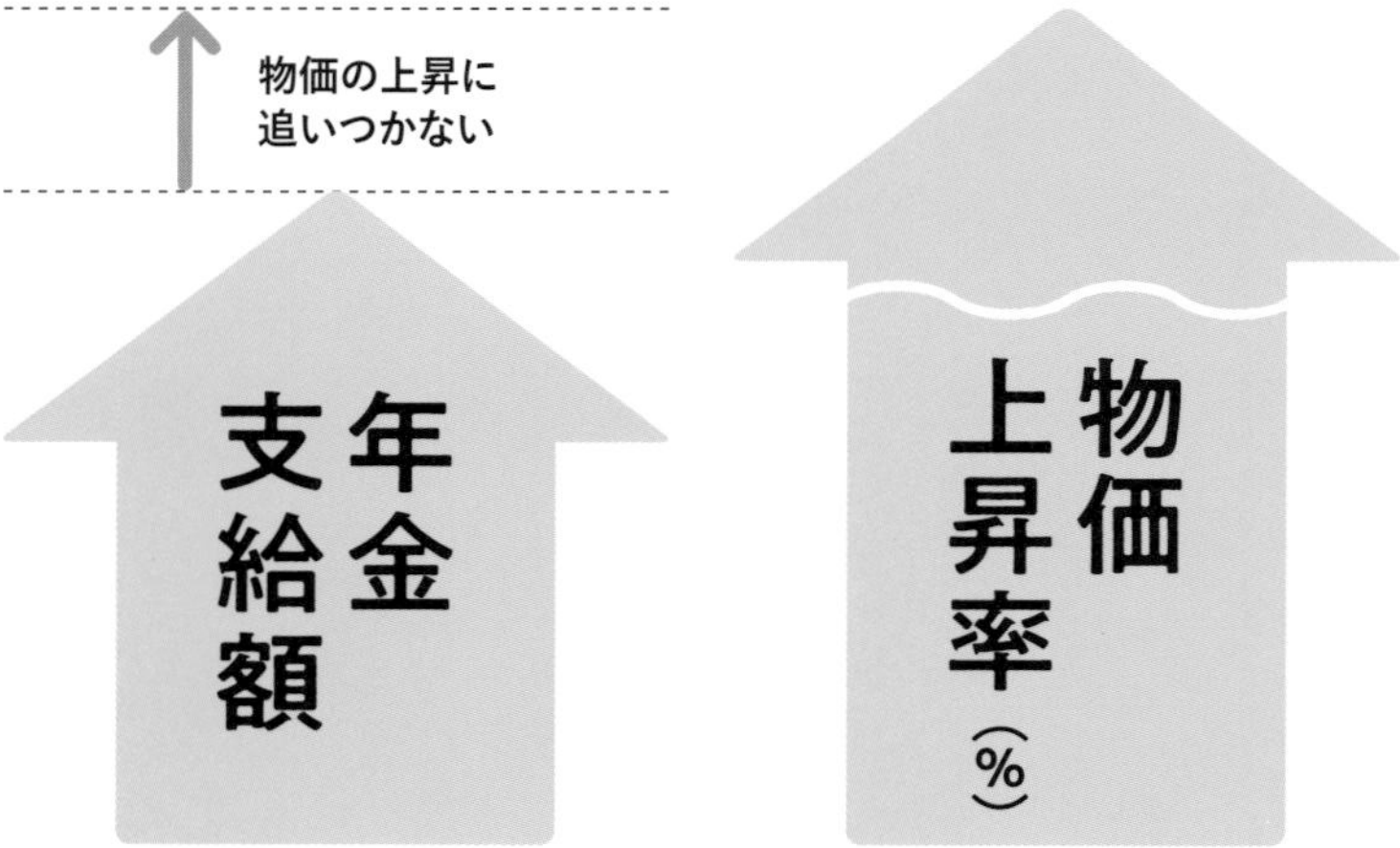

現役世代の保険料負担が増えすぎないよう、
年金の支給額は増えにくいしくみになっています
（マクロ経済スライド）

**物価に年金額が連動しても
年金暮らしに物価高はキツイ**

年金額は物価に連動し、物価が上がると年金額も少し増えます。とはいえ、現役時代のベースアップのようには上がりませんし、**近年の物価高を吸収できるほどの支給増にはなりません。**現役世代の負担が重くなりすぎないように配慮されているため、この傾向は今後も続きます。

いっぽうで、国民健康保険料と公的介護保険料はジワジワと引き上げられています。手取りは目減りする前提で、やりくりを考えるのが適切です。

年金のしくみと平均受給額

	夫婦ともに自営業者の場合	夫だけが会社員だった場合	夫婦で会社員だった場合
	11万3359円	21万7726円	26万8066円
妻の年金	老齢基礎年金 月5万4346円	老齢基礎年金 月5万4346円	老齢基礎年金+老齢厚生年金 月10万4686円
夫の年金	老齢基礎年金 月5万9013円	老齢基礎年金+老齢厚生年金 月16万3380円	

国民年金基金や企業年金などで、さらに上乗せ分がある方もいます

「令和３年度厚生年金保険・国民年金事業の概況」（厚生労働省）

企業年金や個人年金保険などの上乗せ年金は終了年齢に注意

本書をお読みの方は、すでに年金を受給されているでしょう。会社員や公務員だった方は、老齢基礎年金と老齢厚生年金を受給され、企業年金などの上乗せ年金を受給されている方もいるはずです。自営業の方は老齢基礎年金だけの支給になりますが、国民年金基金などの上乗せ年金をもらっている方もいるでしょう。

さらに、加給年金（※1）や振替加算（※2）など、プラスアルファの年金が上乗せされている方もいます。**企業年金や個人年金保険などの上乗せ年金が、何歳まで受給できるのか注意が必要**です。

※1 20年以上厚生年金に加入していた方に扶養されている配偶者が65歳になるまでもらえる年金
※2 妻が65歳になって加給年金が停止した後に、一定の条件下で加算される年金

70歳を超えたら貯蓄は減って当たり前

日々に使えるお金は貯蓄額と年金額のバランスで決まる

貯蓄額と年金額のバランスが重要

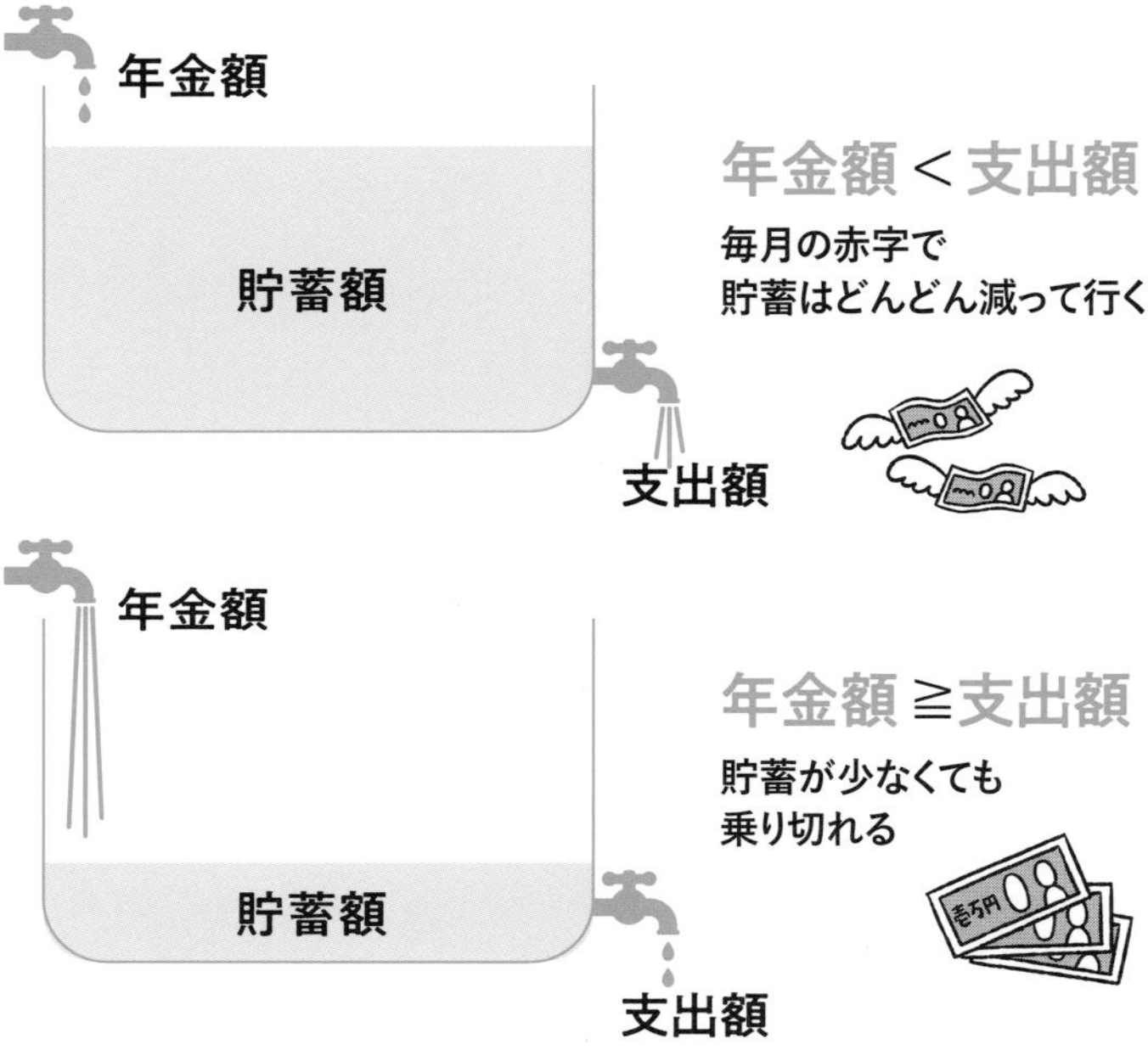

前章では、貯蓄額別に生活設計上の注意点を説明しましたが、**貯蓄額以外に、年金額とのバランスも重要**です。貯蓄が多くても、年金額が少なければ、月の赤字が多くなりがちだからです。

いっぽう貯蓄は少なめでも、年金額が多めで月の赤字は少額なら、お持ちの貯蓄で老後を乗り切れる可能性は十分にあります。また、税金や家の修繕費、家電の買い替え費用など特別支出についても、金額をつかんでおく必要があります。

これからの節約では“食費”を削りすぎない

安く空腹を満たせる食事

糖質過多
たんぱく質不足

→

糖尿病リスクが高まる

70代に入ったら“身体にいい食事”に力を入れましょう。配食サービスなどを利用してもOK! なるべく多品目を摂りたいもの。健康こそいちばんの節約です

年金額と貯蓄額のバランスで、節約を調整すればOK

節約のため食費を切り詰める方もいますが、これは考えもの。安く空腹を満たせる食事は菓子パンや麺類など糖質が多く、糖尿病リスクが高まりやすいのです。**お金の面でも、健康で医療費がかからないことがいちばんの節約です。**70代は身体にいい食事を心がけ、食費以外で節約しましょう。

食費や光熱費、教養娯楽費などの各費目にかけられる金額は、もらっている年金額によって異なります。そこで次からは、年金額別（手取り額）ごとに、各費目の適正な支出割合をご紹介します。

みんなは何にどれくらい使っているの？

年金暮らしの理想は、年金内に食費や公共料金、通信費、日用品費といった、日々の生活費を収めること。食べることや日々の暮らしにかかるお金は、年金内でまかなうのが理想になります。固定資産税や自動車税、冠婚葬祭費、旅行をはじめとするレジャー費などは貯蓄から捻出します。

とはいえ、**年金だけの収入では、月の収支が赤字になるご家庭が多い現実もあります。収支が赤字の場合、赤字額だけではなく、どの費目の支出額が多めになっているのかを知ることも大切**です。

そこで35ページからは、「年金の手取り月額」に対して、各費目の適正予算を算出した表を載せています。表の年金額は、所得税や住民税、国民健康保険料、公的介護保険料などを差し引いた、いわゆる「可処分所得」。自分の家計と比べる際は、支給総額ではなく、税金や社会保険料を引いたあとの金額で、月額を見てください。

ちなみに支出項目に、介護費用は入れていません。介護費用が発生した場合、教養娯楽費やレジャー費などを介護費用に振り替えるのが現実的です。

郵 便 は が き

料金受取人払郵便

豊島局承認

4466

差出有効期間
2025年9月30日まで
（切手不要）

170-8789

104

東京都豊島区東池袋3-1-1
サンシャイン60内郵便局
私書箱1116号

株式会社 高橋書店
書籍編集部 ⑳ 行

※ご記入いただいた個人情報は適正に管理いたします。取扱いについての詳細は弊社のプライバシーステイトメント（https://www.takahashishoten.co.jp/privacy/）をご覧ください。ご回答いただきましたアンケート結果については、今後の出版物の企画等の参考にさせていただきます。なお、以下の項目は任意でご記入ください。

お名前	年齢： 歳 性別： 男 ・ 女
ご住所 〒 −	
電話番号 − −	Eメールアドレス
ご職業 ①学生 ②会社員 ③公務員 ④教育関係 ⑤専門職 ⑥自営業 ⑦主婦・主夫 ⑧無職 ⑨その他（ ）	

裏面のご感想やご意見を匿名で、本の紹介や広告等に使用してもよろしいですか？ □はい □いいえ
今後の企画検討時に、アンケート等でご協力いただけますか？ □はい □いいえ

弊社発刊の書籍をお買い上げいただき誠にありがとうございます。皆様のご意見を参考に、よりよい企画を検討してまいりますので、下記にご記入のうえ、お送りくださいますようお願い申し上げます。

ご購入書籍
（□にチェック）

□ **70歳からの人生を豊かにする　お金の新常識**
□ **70歳からの人生を豊かにする　筋トレ**
□ **70歳からの人生を豊かにする 不調がどんどん消えていく　自律神経の整え方**

A本書を購入されたきっかけは何ですか（いくつでも構いません）

1 お金／筋トレ／自律神経の本を探していて　**2** 表紙や書名に惹かれて　**3** 中身を見て
4 老後が不安だった　**5** 趣味を探そうとしていた　**6** 知識をつけたかった
7 その他（　　　　　　　　　　　　　　　　　　　　　　　）

Bおもしろかったページとその理由をお教えください（ページ数、名称どちらでも）

ページ、名称：

理由：

Cつまらなかったページとその理由をお教えください（ページ数、名称どちらでも）

ページ、名称：

理由：

D本書について当てはまるものに○をつけてください

価　格　**1** 安い　**2** 適正　**3** 高い：希望価格（　　　　　　円）
文　章　**1** かんたん　**2** ちょうどよい　**3** むずかしい
文字の大きさ　**1** 小さい　**2** ちょうどよい　**3** 大きい
内　容　**1** 満足　**2** ふつう　**3** 不満：理由（　　　　　　　　　　　　　　　）

E以下のなかで気になるテーマをお教えください（いくつでも構いません）

栄養　・　睡眠　・　認知症予防　・　体力づくり　・　体の不調　・　デジタル機器
SNSの使い方　・　メイク　・　英会話　・　他の語学　・　その他（　　　　　　　　）

本書についてお気づきの点、ご感想などをお聞かせください

ご協力ありがとうございました。

年金月額10万～12万円の家庭の支出の目安

項　目	年金月額10万円	年金月額12万円
食費	25,000円	30,000円
住居関連費	10,000円	10,000円
日用品費	5,000円	5,000円
電気・ガス・水道代	20,000円	20,000円
通信費	10,000円	10,000円
教養娯楽費	3,000円	3,000円
レジャー費	3,000円	3,000円
被服費	3,000円	3,000円
医療費	10,000円	10,000円
こづかい（夫婦の合計額）	20,000円	25,000円
交際費	3,000円	3,000円
生命保険料・損害保険料	5,000円	5,000円
雑費	3,000円	3,000円
合計	120,000円	130,000円
	2万円の赤字	1万円の赤字

10万～12万円の年金月額の場合、年金内に基本的な生活費を収めるのは厳しくなりますが、月の赤字は1万～2万円に抑えたいところ。月の赤字が3万円を超える場合は、2万円以下になるような引き締めが必要です

年金月額14万～16万円の家庭の支出の目安

項　目	年金月額14万円	年金月額16万円
食費	30,000円	35,000円
住居関連費	10,000円	10,000円
日用品費	5,000円	6,000円
電気・ガス・水道代	20,000円	20,000円
通信費	10,000円	10,000円
教養娯楽費	5,000円	8,000円
レジャー費	5,000円	8,000円
被服費	5,000円	5,000円
医療費	10,000円	10,000円
こづかい（夫婦の合計額）	25,000円	30,000円
交際費	5,000円	8,000円
生命保険料・損害保険料	5,000円	5,000円
雑費	5,000円	5,000円
合計	140,000円	160,000円

年金月額14万～16万円は、赤字を出さないやりくりのギリギリライン。食費は月３万円程度に収め、こづかいも夫婦合わせて２万5000円～3万円程度に。厳しいやりくりですが、貯蓄を守るためと割り切って

年金月額 18万～20万円の家庭の支出の目安

項目	年金月額 18 万円	年金月額 20 万円
食費	40,000 円	42,000 円
住居関連費	10,000 円	10,000 円
日用品費	7,000 円	8,000 円
電気・ガス・水道代	20,000 円	25,000 円
通信費	13,000 円	15,000 円
教養娯楽費	10,000 円	10,000 円
レジャー費	10,000 円	10,000 円
被服費	5,000 円	5,000 円
医療費	12,000 円	15,000 円
こづかい（夫婦の合計額）	30,000 円	35,000 円
交際費	10,000 円	10,000 円
生命保険料・損害保険料	8,000 円	10,000 円
雑費	5,000 円	5,000 円
合計	180,000 円	200,000 円

年金月額 18万～ 20 万円の場合、食費は 4 万円台までOK。こづかいは、1 人 1 万5000円ずつの予算を取れます。1か月 18万～ 20 万円あれば、無理な節約に取り組まなくても、やりくりできるボーダーラインといえるでしょう

年金月額22万～24万円の家庭の支出の目安

項　目	年金月額22万円	年金月額24万円
食費	45,000円	50,000円
住居関連費	10,000円	10,000円
日用品費	10,000円	10,000円
電気・ガス・水道代	25,000円	25,000円
通信費	15,000円	15,000円
教養娯楽費	12,000円	15,000円
レジャー費	12,000円	15,000円
被服費	8,000円	10,000円
医療費	15,000円	15,000円
こづかい（夫婦の合計額）	40,000円	45,000円
交際費	13,000円	15,000円
生命保険料・損害保険料	10,000円	10,000円
雑費	5,000円	5,000円
合計	220,000円	240,000円

年金月額22万～24万円の場合、食費などの基本生活費を年金内に収めているご家庭はたくさんあります。教養娯楽費、レジャー費、交際費の3つは合計して、合計額の範囲内でまかなうようにしてもOK。年金内で楽しみましょう

年金月額 26万～28万円の家庭の支出の目安

項　目	年金月額 26 万円	年金月額 28 万円
食費	55,000 円	60,000 円
住居関連費	10,000 円	10,000 円
日用品費	10,000 円	12,000 円
電気・ガス・水道代	25,000 円	25,000 円
通信費	15,000 円	15,000 円
教養娯楽費	17,000 円	20,000 円
レジャー費	17,000 円	20,000 円
被服費	10,000 円	10,000 円
医療費	20,000 円	20,000 円
こづかい（夫婦の合計額）	50,000 円	50,000 円
交際費	15,000 円	20,000 円
生命保険料・損害保険料	10,000 円	10,000 円
雑費	6,000 円	8,000 円
合計	260,000 円	280,000 円

企業年金や個人年金を受け取っている場合、年金月額 26 万～ 28 万円のご家庭もあります。適正割合では、ほぼ使い切る家計簿になっていますが、毎月 2 万～ 3 万円程度は黒字にして、特別支出のほうにまわせると理想的です

生活費が年金内に収まらないなら「週単位」で赤字を管理

支出が年金内に収まらなくても、貯金簿の記入で貯蓄が底をつかないことを確認できれば、やりくりを変える必要はありません。ただし介護が発生すると、貯蓄の減るペースが速まるため、介護費用に使えそうな金額を計算し、取り置いておくことを考えましょう（第5章参照）。

いっぽうで、赤字が多く貯蓄が減るペースの速いご家庭では、早急に支出額の見直しを検討します。**生活費を抑えたいときは、「週単位」でのやりくりがおすすめ**。1週間に使えるお金を決めて、その範囲内で支出をコントロールする方法です。

左ページの図では手元で使えるお金を5万円と仮定し、1万円を予備費として、1か月に使えるお金を4万円にしています。この例では、1週間に使えるお金は8000円。8000円を超えないように買い物をするだけで、赤字を出さずにやりくりできるわけです。

週単位のやりくりをしても、赤字が減らせない場合は、月に1万～2万円でも収入を確保する方法を考えましょう。仕事の探し方は、第3章で触れていきます。

支出を抑えたいときは「週間予算」で管理する!

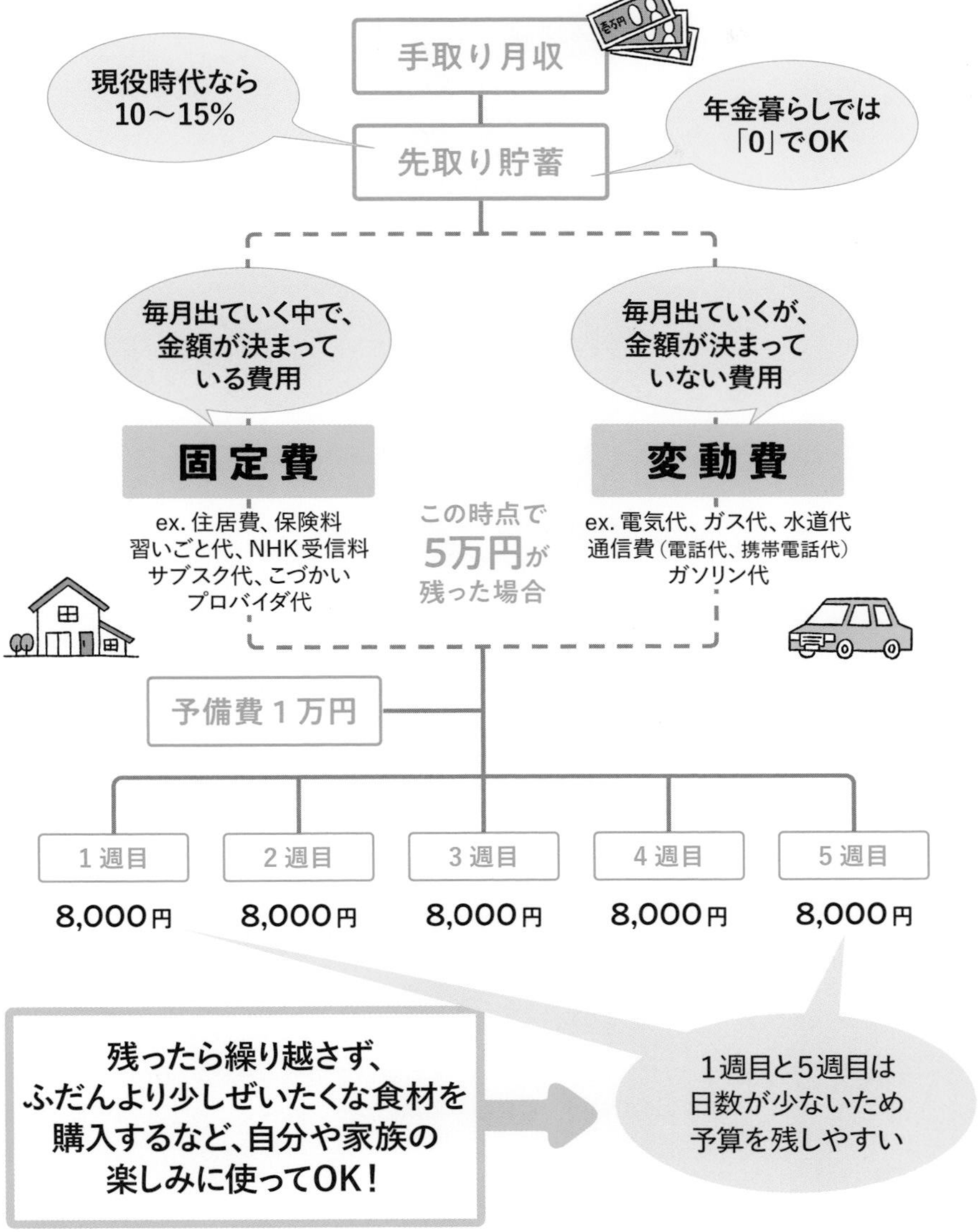
手取り月収
現役時代なら
10〜15%
先取り貯蓄
年金暮らしでは
「0」でOK
毎月出ていく中で、
金額が決まって
いる費用
毎月出ていくが、
金額が決まって
いない費用
固定費
変動費
ex. 住居費、保険料
習いごと代、NHK受信料
サブスク代、こづかい
プロバイダ代
この時点で
5万円が
残った場合
ex. 電気代、ガス代、水道代
通信費（電話代、携帯電話代）
ガソリン代
予備費1万円
1週目
2週目
3週目
4週目
5週目
8,000円
8,000円
8,000円
8,000円
8,000円
残ったら繰り越さず、
ふだんより少しぜいたくな食材を
購入するなど、自分や家族の
楽しみに使ってOK！
1週目と5週目は
日数が少ないため
予算を残しやすい

利用している店舗やサービスで割引が受けられないかをチェック

ANAやJALなどの航空会社でもシニア向け割引があります。多くの全国チェーン店でも実施しているので、利用店舗で聞いてみましょう。また免許証を返納したら、運転経歴証明書を発行してもらうのがおすすめ。さまざまな優待を受けられるからです。

名称	特徴	年齢条件
ANA スマートシニア空割	空席があれば、当日の予約でも割引が受けられる。ANAマイレージクラブカードか、ANAカードを保有していることが条件	65歳以上
JAL 当日シニア割引	出発4時間前から、空席があれば割引料金で予約できる。JALカード会員かJALのマイレージバンク会員であることが条件	65歳以上
大人の休日倶楽部 ジパング	JR東日本とJR北海道の切符購入が、いつでも30% offになるほか、日本全国のJRでの割引も受けられる。旅行保険も付帯	男性65歳以上 女性60歳以上
商船三井フェリー プラチナ割引	満60歳以上の場合、旅客運賃の5%・乗用車運賃の5%割引	満60歳以上
au カブコム証券	現物株式の売買手数料が、満60歳以上なら4%割引	満60歳以上
コナミスポーツクラブ 平日昼間プラン デイズ	60歳以上限定で、通常の使い放題コースより割安の、平日日中利用のコースに加入できる	60歳以上
運転免許証 自主返納した方への優待制度	運転免許証を自主返納し、運転経歴証明書を発行してもらうことで、買い物やレジャーなどでさまざまな優待が受けられる	65歳以上

シニア割引を使いこなそう

一定年齢以上の方に向けたシニア割引を活用していますか？たとえばイトーヨーカドーやイオンで買い物する際、シニア向けのカードを持っていると、一般カードよりも割引日が増えるなど条件が優遇されます。

名称	特徴	年齢条件
シニアナナコ	通常のナナコの特典に加え、毎月15日と25日のシニアナナコデーは5％offで買い物ができる（テナントなどは割引の対象外）	60歳以上
G.G. WAON	毎月20日と30日のお客様感謝デーに加え、毎月15日のG.G.感謝デーも5％offで買い物できる（テナントなどは割引の対象外）	55歳以上
すかいらーく プラチナパスポート	バーミヤン、ジョナサン、夢庵、ガストなどでの飲食時、60歳以上の人がいれば、本人含む同行者6人まで5％off	60歳以上
映画館 シニア割引	60歳以上で入場料が1100円になる。また、夫婦どちらかが50歳以上なら2人で2200円になる「夫婦50割引」も	60歳以上（夫婦50割引はどちらかが50歳以上）
トイザらス、ベビーザらス まご割	50歳以上のポイントカード会員が毎月15日におもちゃを購入する際10% off	50歳以上
ツルハドラッグ シニア感謝デー	毎月15・16・17日に満60歳以上の会員がツルハポイントカードを提示すると5％off	満60歳以上
ジャンカラ シニア割引	55歳以上はシニア会員料金で利用できる。また、毎月第3と第4の火曜日はシニア会員料金から、さらに半額に	55歳以上

2023年9月現在。サービスの内容は変わる場合があります。かならずご自身でご確認ください。

非課税世帯は月に約5000円が年金に加算される

「年金生活者支援給付金」は、老齢基礎年金や遺族基礎年金などを受給しており、かつ年金額が少ない方が、年金額に上乗せしてもらえるお金です。

老齢基礎年金の受給者の場合の支給要件は、次の3つです。

- **65歳以上の老齢基礎年金の受給者であること**
- **同一世帯の全員が市区町村民税非課税であること**
- **前年の公的年金等の収入全額とその他の所得が一定額以下であること**

給付金額は毎年数十円くらい金額が変動しますが、令和5年度は、月額5140円。この金額が、老齢基礎年金に加算して支給されます。

年金生活者支援給付金は、障害年金や遺族年金の受給者も受給できます。障害年金と遺族年金の受給者の場合は、障害基礎年金あるいは遺族基礎年金の受給者であり、「前年の所得が472万1000円以下であること」の条件をクリアすれば、老齢基礎年金と同額の、月額5140円の給付金が上乗せされます。なお障害基礎年金の1級受給者は、月額6425円が上乗せされます。

「年金生活者支援給付金」制度とは？

年金額が少ない方が給付金を受け取れる制度

老齢基礎年金を受給している人の中で給付金をもらえる人の条件

- 65歳以上
- 同一世帯の全員が市町村民税非課税
- 前年の公的年金等の収入金額とその他の所得の合計額が87万8900円以下（※1）

※1　77万8900円超87万8900円以下の場合は「補足的老齢年金生活者支援給付金」が支給される

給付金額は**1か月5140円**を基準に保険料納付済期間などで若干異なる

障害基礎年金を受給している人の中で給付金をもらえる人の条件

- 前年の所得が472万1000円以下（※2）

※2　障害年金などの非課税収入は含めず

給付額は

障害等級が2級だと**1か月5140円**

障害等級が1級だと**1か月6425円**

（いずれも令和5年度の金額）

国や自治体の制度も調べてもれなく活用しよう!

また自治体によっては、屋根への太陽光パネルの設置、家の周囲の生垣造成、防犯カメラの設置などでも助成金がもらえます。工事の着手前に申請しましょう。

そのほかにも、タクシー代割引やシルバーカー購入助成など、シニア向けに意外な補助を行っている自治体もあります。

名称	内容	金額	問合せ先
生ごみ処理機購入助成金	生ごみ処理機を購入した場合、最高で全額の補助金がもらえる	**購入額の33%〜100%程度**(上限あり)	自治体など
シルバーカー購入費の助成	足腰が弱くなってきたときに便利なシルバーカー購入に自治体からの補助金が出る。条件は自治体によって異なる	**購入費用の50%程度**(上限あり)	自治体など
タクシー利用券の交付	一定枚数のタクシー利用券が交付される。年齢制限や免許証の有無、要介護認定など、条件は自治体によって異なる	**月○枚 年間○枚など**(一定の自己負担あり)	自治体など
補聴器購入費用助成	医師の診断で中程度以上の難聴と診断された方に、補聴器の購入費用が助成される	**2万〜5万円程度**(上限あり)	自治体など
空き家の取り壊し費用助成(老朽危険空家除却費用助成)	老朽危険空家に認定された場合、事前に自治体に相談することで、取り壊し費用の補助金が出る	**工事費用の30%〜80%程度**(上限あり)	自治体など
防犯対策助成	防犯カメラの設置や防犯性能の高い鍵への変更などに対し、助成金が出る	**購入費用の50%程度**(上限あり)	自治体など

もらえる補助金をチェック!

近年、省エネ関連の助成金や補助金が増えています。家の建て替えやリフォーム時に、省エネ性能の高い給湯器の導入や、断熱性の高い窓を選ぶと受け取れます。業者と契約を結ぶ前に、助成制度の有無について調べましょう。また省エネ関連のリフォームは、所得税軽減の対象になる可能性があります。

名称	内容	金額	問合せ先
省エネリフォーム （先進的窓リノベ、給湯省エネ）	高断熱窓や高効率給湯器などを導入すると、国や自治体からの補助金が出る	**5万～200万円程度** （工事費用による）	経済産業省、環境庁、自治体など
リフォーム減税 （住宅特定改修特別税額控除）	省エネリフォームやバリアフリーリフォームを行うと、一定金額が所得税額から控除される	**工事費用の10%程度** （条件あり）	国税庁
省エネ家電への買い替え （東京ゼロエミポイント）	エアコン、冷蔵庫、照明器具などを省エネ性能の高いものに買い替えたら、ポイントがたまり、商品券やLED照明の割引券がもらえる	**3000～2万6000円相当**	東京都など
介護・バリアフリーリフォーム （高齢者住宅改修費用助成制度）	要介護認定を受けた方が、住宅への手すりの取り付けや段差解消、引き戸への変更などをすると補助金が出る	**補助額上限18万円**	自治体など
子供との同居のためのリフォーム （長期優良住宅化リフォーム）	耐震性、省エネ対策、三世代同居対応改修工事などを行う場合、補助金がもらえる	**100万～250万円程度**	国土交通省
緑化助成金 （緑の助成制度）	道に面する部分のブロック塀を撤去したり、生け垣や緑地帯を造ったりすることで補助金がもらえる	**1mあたり1万円程度**	自治体など

制度は変わる場合があります。かならずご自身で国や自治体にご確認ください。

三世代同居で自治体から50万円の助成金を受け取る

八重樫敏夫さん（80歳）

東京都の23区内に住む八重樫敏夫さん（80歳）は、息子世帯と同居するため、5年前に家を建て替えました。

八重樫さんが住む自治体では、**3世代同居の場合、建物などの条件が合致し建築前に申請すれば、助成金50万円を支給してもらえる制度**があります。

知り合いから、助成金の話を聞いていた八重樫さん。息子さんたちと建築会社を選ぶ際に、自治体の建築課にも足を運び、助成金の条件を確認していました。

八重樫さんの自治体の条件は、別々の自治体に住む親と子どもも、そして中学生以下の子（孫）が、同じ家に住むために家を新築したり購入したりした場合に、最高で50万円がもらえるというもの。現在は支給上限額が少し下がっているそうですが、もらった50万円は、生活用品購入にとても役立ったそうです。

助成金をもらうには申請が必要。今は対象でない方も自治体の広報誌などで確認しておきましょう

第3章

好きなときにちょっとだけ働く

シニアでも経験を生かして収入を増やせる

どのくらいの高齢者が働いているの？

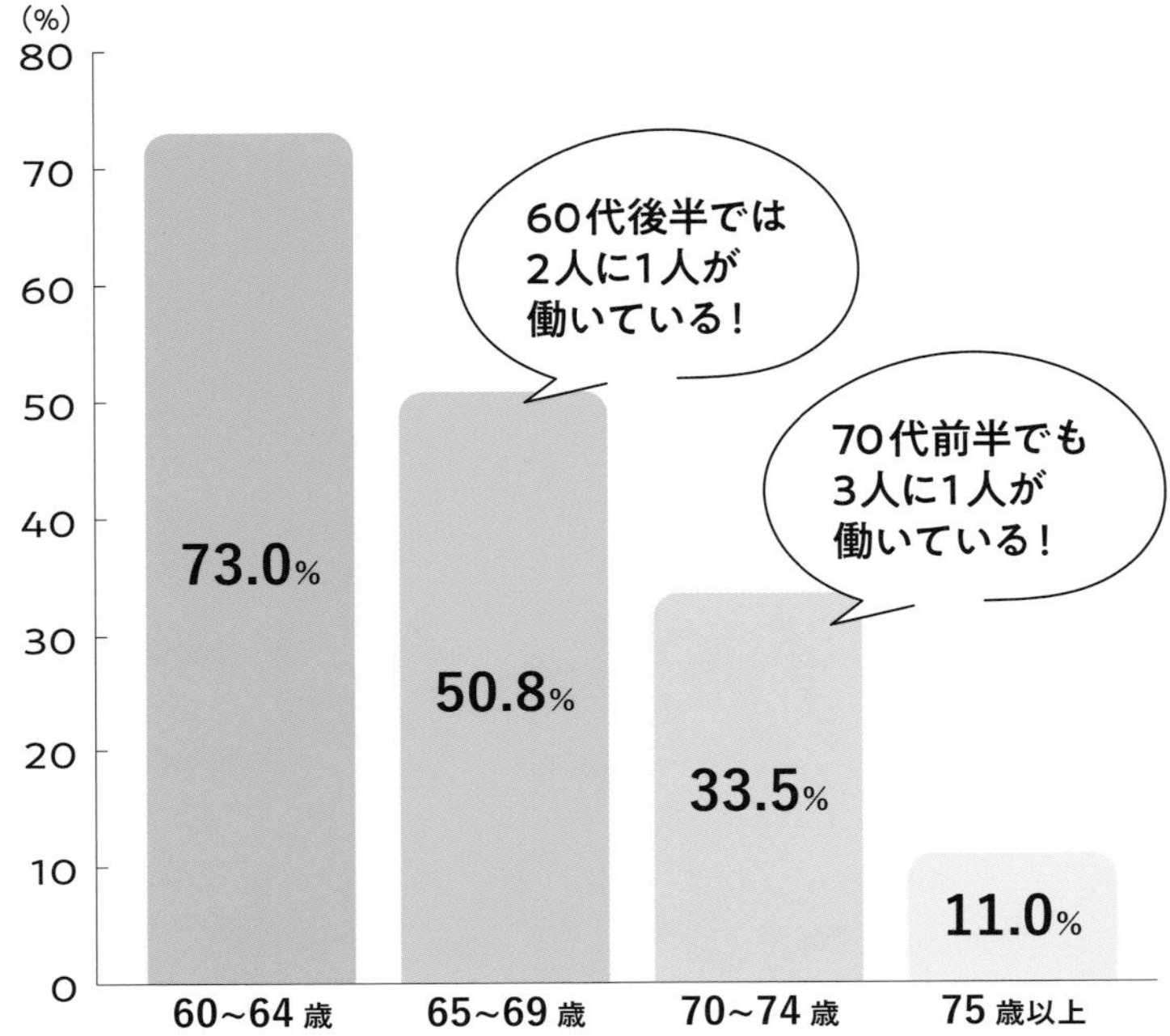

「令和5年版高齢社会白書」（内閣府）より

70代前半でも3人に1人が働いて収入を増やしている

年金だけでは生活がキツイから、「あと数万円でも収入を増やしたい」と考える方は多いはずです。実際に、**令和5年版の高齢社会白書によると、70歳〜74歳までの3人に1人が働いています。**長寿への不安が高まり、より「リタイア年齢の高齢化」が進んでいくことも予想されています。

また金銭面だけではなく、70代以降も働くことで社会とつながりを持ち続けられますし、認知症予防につながる効果も期待できます。

お金のために働くケース

可能なら社会保険にも加入して 積極的に収入を増やそう

- 厚生年金は70歳まで加入できる
- 加入月数が増えるほど年金額も増える

自分のために働くケース

- 趣味を生かして手づくり作品をフリマで売る

- 子ども好きな個性を生かしてファミリーサポート事業で少し働く

- 現役時代のスキルと人脈を生かしてスモールビジネスを営む

シニアなら自分の体調に合わせた時間数だけ働くことも可能

フルタイム勤務の現役時代とは異なり、週に2～4日だけ、1日3～6時間だけなど、**短時間の仕事で月に2万～7万円程度の収入を得るプランを立てるのが、70代の働き方としておすすめです。**

日々の赤字を補うために働いている方は仕方がないとして、社会とのつながりを求めて働く方は、収入を自分や配偶者のこづかいに充てるとやりがいを感じられます。ただし、老後資金を少しでも増やしたい場合は、収入の3分の1くらいは貯蓄に回して、80代以降の医療費などに備えたいところです。

仕事探しなら、まずはシルバー人材センターに登録

70代での仕事の探し方としてポピュラーなのは、**シルバー人材センター事業協会に登録して、仕事を紹介してもらう**方法です。シルバー人材センターは全国各地にある公益社団法人で、シニア向けの仕事をあっせんしてくれる場所です。

シルバー人材センターで仕事をあっせんしてもらえるのは、おおむね60歳以上で、仕事に対する意欲のある人。あっせんを希望するなら、２０００円程度の年会費を支払って会員になる必要があります。

会員になったあとは、専用のホームページから検索できる「受注情報一覧表」の中から、自分が携わりたい仕事を選びます。仕事の例としては、公園の草むしりや駅前の自転車整理、スーパーでの買い物かごの整理などがあります。

このほか、ネットのシニア求人を利用して、仕事を探す方法もあります。**「シニア求人　70代　居住地」で検索すると、清掃やマンションの管理業務などはいくつも見つかるはず。保育園や幼稚園などの調理補助の募集**もあります。ハンバーガーチェーンのような飲食店で、シニア求人を見つける方法もあります。

シニアが仕事を探すときは?

週に2〜3回でも働きたい場合は

❶シルバー人材センター

特徴:都道府県から指定を受けた公益社団法人が運営。
短時間、短期間の仕事が中心

仕事内容:事務、接客、農業支援、
除草、観光ガイドなど

月平均就業日数:9.2日
月平均月収:3万6225円
「シルバー人材センター事業の概要 2020」より

❷自治体の無料職業相談所

特徴:都道府県や市町村が設置し、高齢者雇用に
積極的な企業との合同就職面接会や、
就労支援セミナー、などを実施

仕事内容:事務、医療、調理、警備、製造、運転手など

フルタイムで月に
20万円近く稼げる
求人もあり

❸求人誌やネット

特徴:民間就職あっせんサイトを経由して登録する

仕事内容:マンション管理、ホテル清掃、
警備、家事代行など

中には、ドラマの
エキストラ出演など
の変わり種も

ファミリー・サポート事業があるかを調べてみよう

ファミリー・サポート・センター事業の正式名称は「子育て援助活動支援事業」。子育てを中心に、家族の困りごとをサポートする事業です。たとえば、保育園の送迎や閉園後の預かり保育のほか、病児預かり、買い物時の児童預かりなどを行っています。

ファミリー・サポート・センター事業を行う自治体は、増加傾向にあります。自分の子育てが終わったことで、子育てを懐かしく感じる方は、調べてみるとよいでしょう。ただし、時給は低めに設定されているケースが多いので、生きがいのために働けて、少しだけ稼ぎたい方に向いています。

また**語学が得意なら、観光客向けのガイドの仕事を探す**考え方もあります。観光客の多いエリアの観光案内所などで、応募方法をたずねてみてはいかがでしょうか。

さらには**現役時代のキャリアを生かして起業する**方法も。コンサルタント活動をしたり、社会保険労務士や税理士などの資格を生かして、独立したりするのもよいでしょう。起業の際は、自宅をオフィスにするスモールビジネスが現実的です。

これまでのスキルや経験を生かして働く!

子供が好きなら

▶ファミリー・サポート事業に登録

[仕事内容]
保育園の送迎、閉園後の預かり保育
病児預かり、外出の際の子供の預かり

➡各自治体のファミリー・サポートセンターに問合せ

家事が得意なら

▶家事代行サービスに登録

[仕事内容]
料理や掃除、洗濯などの家事代行、
子供の預かり、買い物代行、
ペットシッター、話し相手など

➡「東京かあさん」「タスカジ」などのサービスに登録

語学が得意なら

▶ガイドやオンライン英会話に登録

[仕事内容]
外国人観光客向けのバスツアーガイド
観光地の店舗などでの接客
日本人向けオンライン英会話講師など

➡観光協会やオンライン英会話企業に問合せ

家でちょっとだけ稼ぐなら

▶アンケートやモニターに登録

[仕事内容]
ネットで送られてくるアンケートに回答
商品に関する座談会に参加など

➡ネットを通じて
アンケートサイト・調査会社に登録
※個人情報の取扱いに注意が必要

趣味や特技を生かすなら

▶スキルや趣味の作品を売る

[仕事内容]
メルカリ、minneなどで
趣味の作品を出品する
※編み図やデザインなどの著作権侵害に注意

➡各サイトに登録、出品する

現役時代のスキルを生かすなら

▶自宅をオフィスにして独立開業

[仕事内容]
現役時代の専門性を生かして仕事を受注。
講習会などで講師として教える

➡フリーランスの受注サイトなどに登録
※貯蓄を開業資金につぎ込むなどは絶対にNG

介護をサポートする民間会社で病院への付き添いや院内介助業務を行う

住吉恵子さん（71歳）

東京都に住む住吉恵子さん（仮名・71歳）は、介護を受けている方をサポートする民間会社を通して今も働いています。**仕事内容は、要支援の認定を受けている方の病院への付き添いと院内介助。**住吉さんはヘルパーの資格がないので、身体介護などはできませんが、「病院までは歩いていきたい、院内での見守りもして欲しい」という方の希望に沿ったサポートをしています。

仕事はすでに10年を超えました。本来は60代半ばで辞めようと考えていましたが、利用者さんとの付き合いが長くなり、利用者さん側から「辞めないで欲しい」と懇願されて、これまで続けてきたそうです。

病院までの道を一緒に歩いている間は、いろいろな世間話をしますし、自分の健康や認知症予防にも役立つと感じています。

身体に無理のない範囲なら仕事は張り合いになり、自分の健康づくりにも有効ですね

行きつけの食堂で
ランチ時だけアルバイトして
月に3万円弱稼ぐ

南　佳子さん（72歳）

九州在住の南佳子さん（仮名・72歳）。5年前、ご主人に先立たれてからは、ひとり暮らしを続けています。

健康には自信のある南さんですが、年金だけでは毎月赤字が出ており、かつ貯蓄が多くないため、「ちょっとだけ、働くことはできないか」と、ときどきご飯を食べに行く食堂で店主につぶやきました。

南さんのつぶやきを聞いた店主から、「それならランチ後の忙しいときだけ、食器洗いなどの裏方作業を手伝ってもらえないかしら」との誘いを受け働くことになりました。

時給は1000円で、1日2時間だけの勤務。平日に出かける用事もあるため、週に3日だけ、食堂を手伝うことにしました。**アルバイトを始めてからは、ひと月3万円弱の収入が入るようになり、足が遠のいていた美容院で、白髪染めができるようになった**と南さんは喜んでいます。

70代から新しい環境で仕事を覚えるのは負担も大きいもの。知り合いに頼るのも選択肢です

着なくなった着物をバッグにリメイクしてフリマサイトで販売

川本千尋さん（70歳）

関西地方に住む川本千尋さん（仮名・70歳）は、**着なくなった着物をリメイクしてトートバッグに仕立て、メルカリなどのフリマサイトで販売しています。**

川本さんは若いときから和装が好きで、着物をたくさん持っていました。ただ今後は着物を着る機会は減ると思い、手元に残す数点以外はリメイクしてバッグとして販売することにしたのです。

自分の商品が初めて売れたときは、驚きと喜びが半々だったそう。今では販売点数も80点を超え、最近では知人から、着なくなった着物を安くゆずってもらったり、バザーなどで古着の着物を探したりして仕入れています。

販売し始めて7年間、その売り上げには手を付けずにいましたが、売上がまとまった金額になったので、ご主人と高級温泉宿に連泊（2泊）してきたそうです。

手芸作品のほかにも、趣味やスポーツの講師として働く方もいらっしゃいます

第4章

終の棲家は自宅以外考えられない?

高齢期の住まいの見直し方

70代からの住み替えのケース

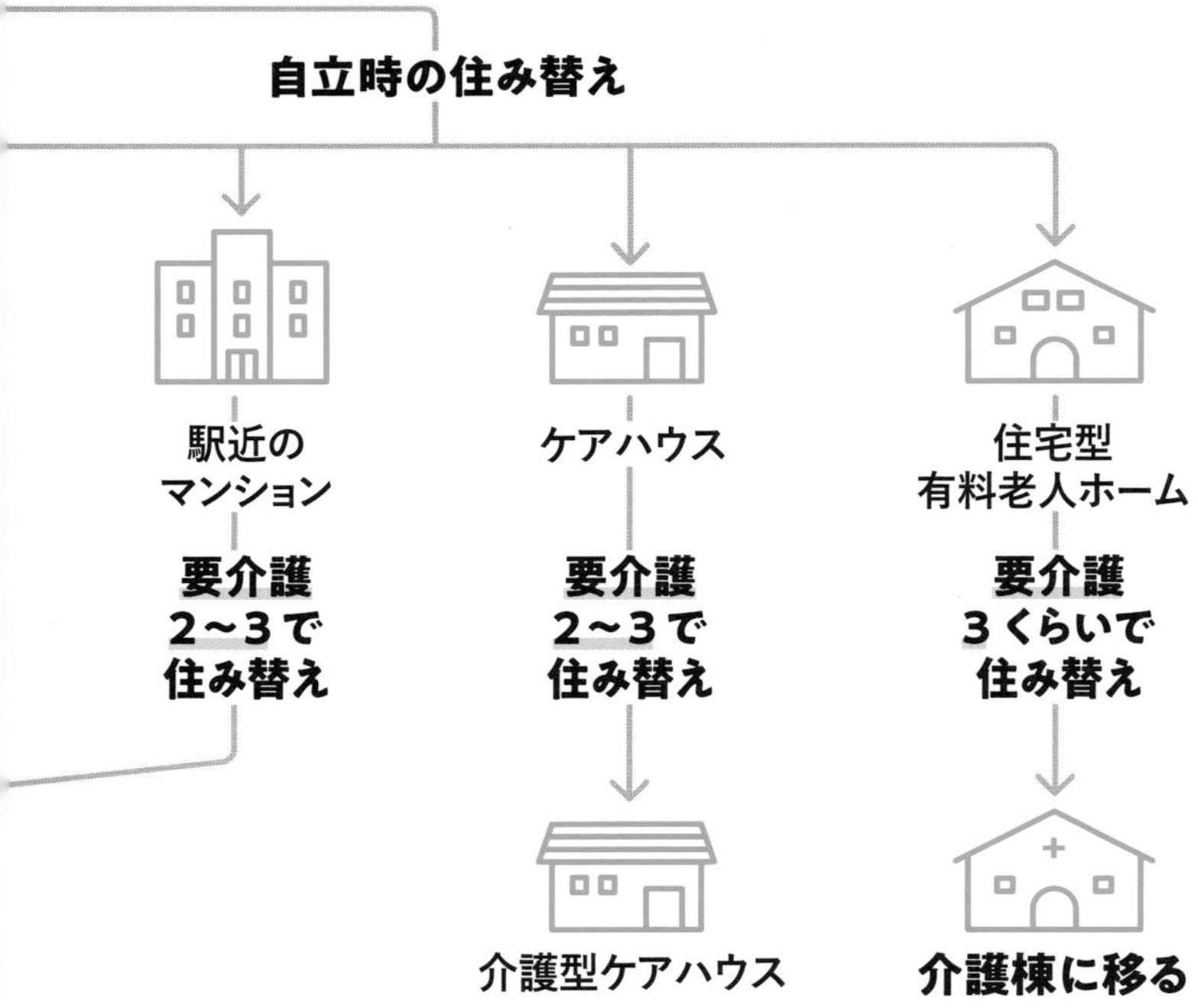

持ち家が終の棲家と思い込む必要はない

70代だからこそ考えたい これから住む場所について

多くの方のライフプランは、この先も自宅に住み続けることを前提とされているでしょう。「万が一、要介護状態になっても、在宅で過ごしたい」と考えている方も多いと思います。もちろん、さまざまな条件が許せば、マイホームを終の棲家にすることも可能ですが、健康状態や介護状態によっては、自宅で最期を迎えられるとはかぎりません。そこで、80代や90代の暮らしを見据えて、**70代のうちに住み替えをする**という考え方もあります。

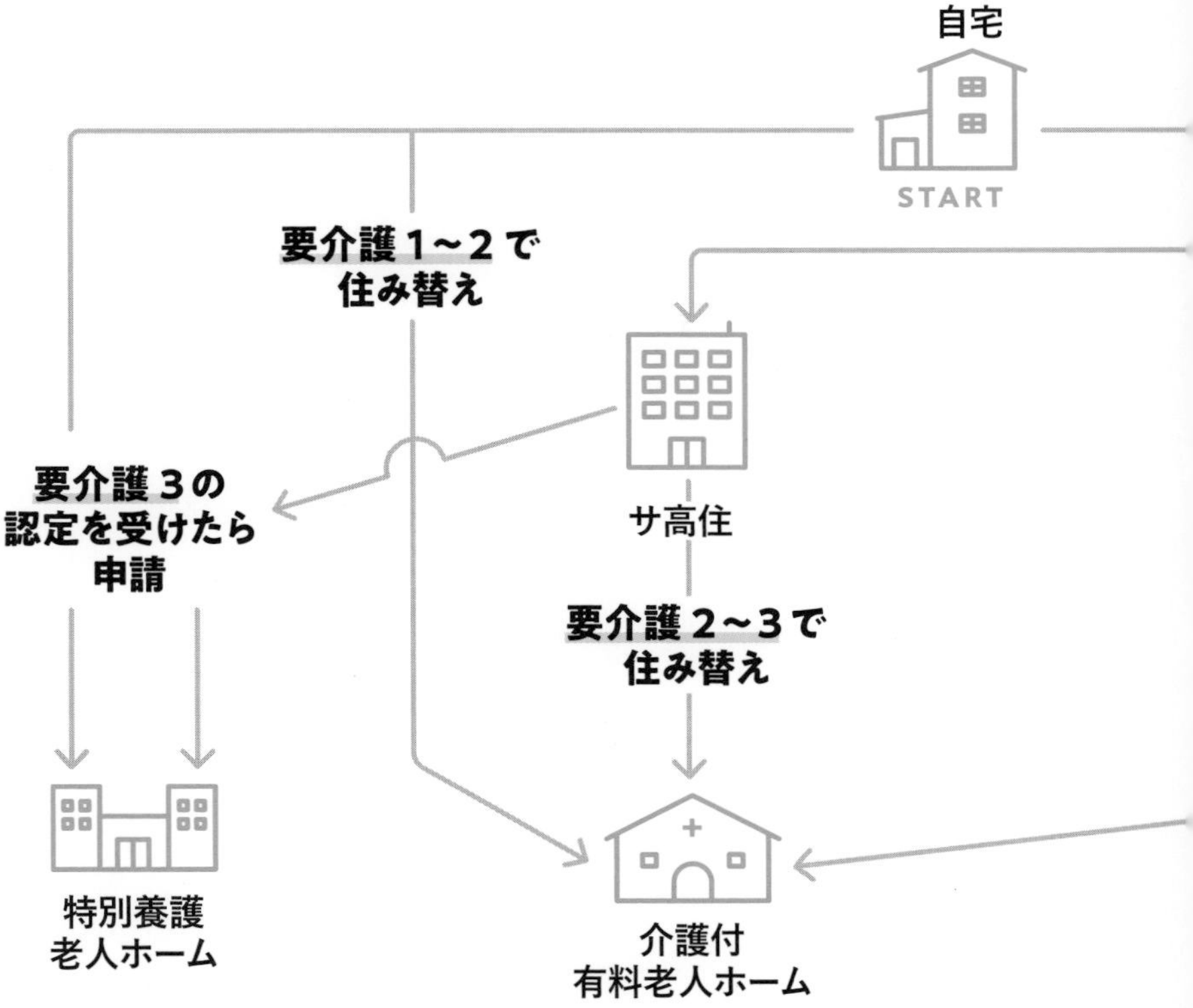

予期せぬ修繕費の負担は年金暮らしに重くのしかかる

70代では、マイホームをお持ちの方が多いはず。**住宅ローンが終わったマイホームがあれば、高齢期の住居費負担を軽くできます。ただし、家を手放すまで固定資産税の支払いが続くほか、修繕費もかさみます。**年金暮らしで、突発的に発生する修繕費の負担は軽くはないものです。また日々の掃除・草むしりの大変さや、免許返納後の生活の心配、介護が必要になったときのリフォームの必要性など、住まいに関する悩みも出てきます。

選択肢の一つとして、住み替えも検討することもおすすめします。

国のサポート制度を使えば
シニアでも賃貸の部屋を借りられる

高齢期の賃貸住まいについて考えてみましょう。年金暮らしの中から家賃の支払いが続くと、食費などの生活費に使える金額がかなり絞られてしまいます。とはいえ、70代になってからの家の購入は、お子さんとの同居など、強いニーズがないかぎり、おすすめはできません。

現在賃貸住まいで、**家賃負担をきついと感じるなら、安めの部屋への住み替えを検討**してはいかがでしょうか。中には保証人が確保しづらくて、住み替えをためらう方がいるかもしれませんが、じつは保証人がいなくても、住み替え先は探せます。

その例として、**国土交通省がバックアップしている「セーフティネット住宅」を利用する**方法があります。登録されている部屋は、築年数が古いものが多めですが、希望のエリアから保証人なしでも住める部屋を選ぶことができます。

セーフティネット住宅は、もともと保証人がいない高齢者の入居をサポートするためにスタートした制度で、現在は高齢者だけではなく、障碍のある方など、入居を断られるおそれのある方についてもサポートしています。

70代以降で 賃貸住まいを続ける場合

毎月の赤字を減らすため、家賃の安い部屋に住み替える

<シニアの家賃を下げる方法>

- **市営(公営)住宅の抽選に何度も応募する**

落選履歴を重ねるほど、
少しずつ倍率が優遇されるケースも。
倍率が高くても応募し続けることが大切

- **セーフティネット住宅で希望家賃の部屋を探す**

Point

セーフティネット住宅での部屋の探し方

❶「セーフティネット住宅情報提供システム」というワードで検索すると、日本地図(国土交通省のHP内)が出てくる。

❷日本地図の中から、自分が住みたい都道府県と市区町村を選ぶ。

❸希望エリアにいくつかの物件が出てきたら、「高齢者」「身体障害者」「低額所得者」などの中から、該当する項目にチェックを入れて検索する。
希望の家賃を入れて検索することも可能!

マイホームを売却すると老後資金を確保しながら住み替えられる

現在は持ち家に暮らしている場合、売却して賃貸住まいに変更する考え方もあります。老後資金を増やして将来に備えつつ、今の希望に合った部屋に移り住めるのがメリットです。

賃貸住まいの保証人の問題は、セーフティネット住宅などの利用で、ある程度は解消できますし、賃貸住まいになれば、家の修繕費用や固定資産税は不要になります。

今の家が売却しやすい場所にある場合は、家の現金化も考えましょう。ただし、老後資金をたくさんお持ちの場合には、家の売却は慎重に行う必要があります。不動産のほうが、現金で保有しているより相続財産としての評価を低くできるからです。つまり、**不動産を売却して手持ちの現金に換えてしまうと、相続税が増えるおそれがあります**。また、小規模宅地等の特例のように、相続財産を計算する際に評価額を80％も下げてくれる有利な制度も使えなくなります。

そのため、**自宅を売却して老後資金を増やすプランは、「老後資金の面でこの先の生活に不安がある方」、「不動産を遺すお子さんがいない方」**などに向いています。

老後資金に不安のある方は マイホームの売却も選択肢の一つ

マイホームを売却 → 売却益を手元に残す → 売却益を取り崩しながら住み替え先の家賃を支払う

賃貸への住み替えのメリット

・固定資産税や修繕費用が不要になる
・庭や部屋の掃除などの維持管理がラクに
・光熱費も安くなる

賃貸への住み替えのデメリット

・毎月、家賃がかかる
・相続税に有利な制度が使えなくなる

医療費・介護費用の備えに不安があったり、不動産を遺す方がいなかったりする場合には向いている方法です

Point

マイホームを売却したときの税金

マイホームを売却したときは、「居住用財産を譲渡した場合の3000万円の特別控除の特例」が使える。

そのため、多くのケースで所得税や住民税が非課税になる。

ただし、子供への売却は適用除外となったり、家の状態や保有期間などに条件が設けられたりしている。

また、この特例を使う場合には確定申告が必要なので、必ず申告を!

「リバースモーゲージ」なら、今の家に住んだままで老後資金がつくれる

リバースモーゲージは、家（主に土地）を担保にしてお金を借りるシステム。**ローンの支払いが終わった家を担保にして、お金を捻出する方法**といえます。リバースモーゲージを取扱う金融機関の中には、マンションを担保にできるところもあります。

金融機関の中でいちばん取扱いが多いのは「リ・バース60」。これは、住宅金融支援機構が民間の金融機関と提携しているリバースモーゲージで、使途は家の買い替え費用や修繕費用、住宅ローンの借り換え、完済費用など、住宅関係の費用に限定されています。「サービス付き高齢者向け住宅（サ高住・92ページ参照）」への入居費用としても使えます。

また、リ・バース60を活用して高齢期に住宅を手に入れる方法もあります。たとえば4000万円の家を、2000万円の住宅ローンを利用して手に入れたとします。家の購入後にリ・バース60に申し込み、2000万円を借りて、繰り上げ返済をします。すると返済は、リ・バース60で借りた2000万円から発生する利息だけで済み、元本部分は亡くなった後に精算します。

リバースモーゲージのしくみ

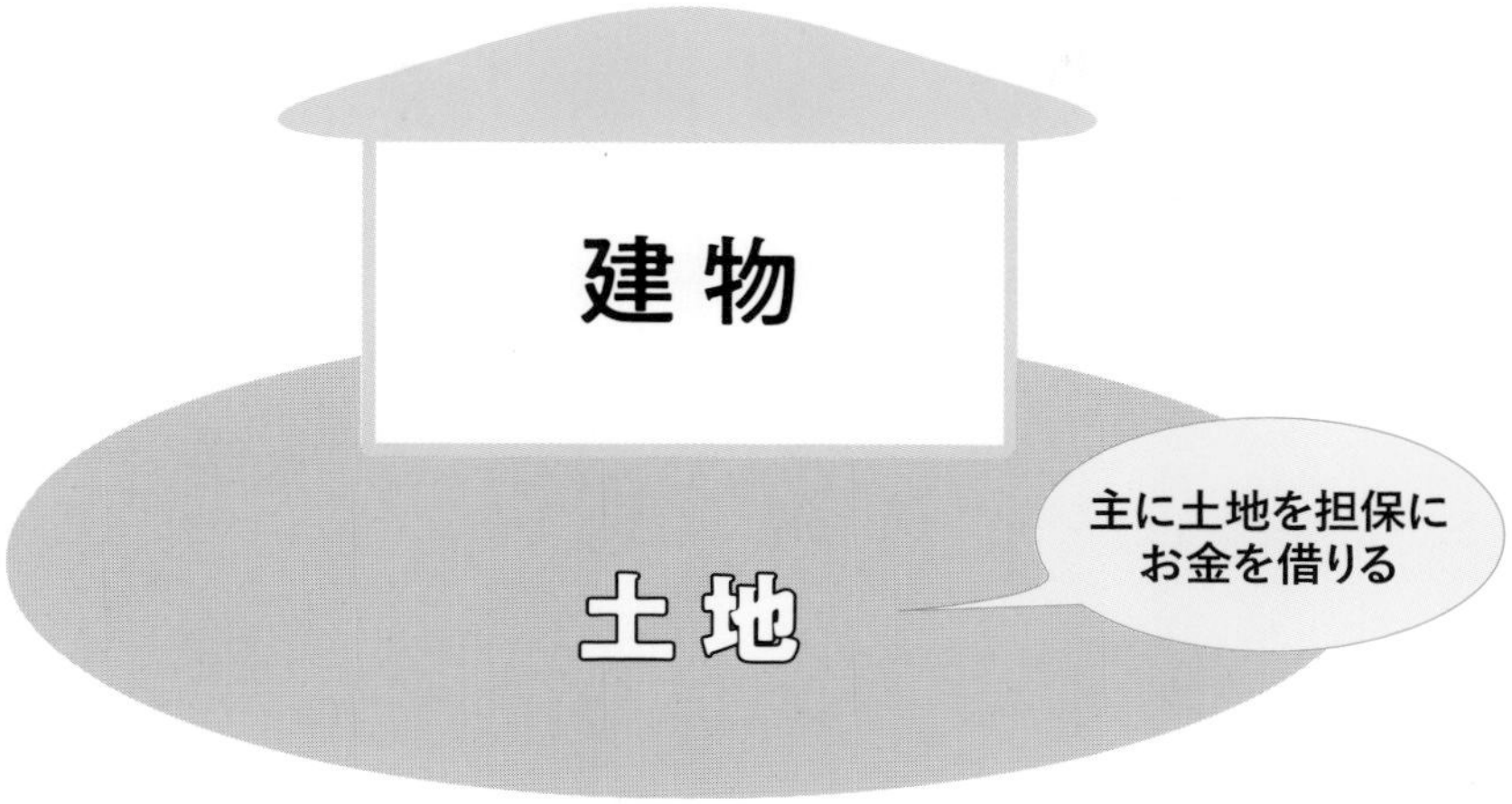

- ▶借りられる金額は、担保評価の50～60%程度
- ▶利息部分は一生涯支払う
- ▶亡くなった後は、担保物件を売却するか、一括返済するか遺族が選べる

Point

リバースモーゲージの注意点

- ・「リ・バース60」は、住宅関連の資金にしか使えないが、サービス付き高齢者向け住宅（サ高住）への入居費用としては使える
- ・利息を支払うので、年収が少ないと、家の条件をクリアしていても借りられないケースがある
- ・一軒家でも借地の物件はリバースモーゲージを利用できない

田舎暮らしは賃貸で楽しむ
免許証返納後のことも考えて

仕事から完全に離れたら、田舎暮らしをしたいと考える方がいるかもしれません。実家に戻るケースのように、慣れ親しんだ場所で暮らすのは問題ないと思いますが、縁のない場所に移住する場合は、くれぐれも慎重に。**いきなり家を購入したり、建てたりするのは避けて、まずは賃貸の部屋を借りて、田舎暮らしを体験しましょう。**四季を通して暮らしてみて、その土地での暮らしや人づきあいになじめそうか、じっくりと検討するのが大事です。

たとえば、積雪量が多い地域への移住を考えている場合、年を取っても雪下ろしができそうかを見極めることも重要です。今は運転をしている方も、80代以降になって免許証を返納せざるをえなくなった後の暮らしが成り立ちそうかを、慎重に検討します。

田舎暮らしは生活コストが安いと思われがちですが、じつはそうともかぎりません。野菜や特産品など地場のものは安いですが、輸送コストのかかる食料や日用品、ガソリン代などは都市部のほうが安い傾向にあります。水道代は、人口が少ない地域のほうが高くなりやすい点も知っておきましょう。

田舎暮らしの
メリット・デメリット

田舎暮らしのメリット

- ▶自然に囲まれて、ゆったりとした時間の中で暮らせる
- ▶家賃が安い
- ▶広い庭が手に入る
- ▶産地のものは安く手に入る

田舎暮らしのデメリット

- ▶地場で採れるもの以外の食品やガソリンのように輸送コストのかかるものは都市部よりも価格が高い
- ▶水道代は都市部より高いのが一般的
- ▶病院の数が少なく、受診したい診療科が近くにないおそれがある

自立した方限定！ ケアハウスへの住み替えで生活費は大幅にダウン

70代以降の方、あるいはご夫婦が、生活コストをグンと抑える方法として、ケアハウスへ住み替える方法があります。

ケアハウスは「軽費老人ホームのC型」のこと。事業者によって建物の仕様や規模はまちまちですが、マンションタイプや、社員寮を買い取ってリフォームし、ケアハウスとして運営しているところもあります。

ケアハウスでのメリットは、何と言っても生活費の安さ。事務費（人件費など）に自治体からの補助があるため、収入の少ない人ほど、負担が少なくてすむのです。都市部での入居にこだわらなければ、ひと月10万円以下で暮らせるケアハウスはたくさんあります。この費用の中には家賃（居室代）のほか、3食の食事代、事務費などが含まれています。また、数は少ないですが夫婦部屋を持つケアハウスもあります。

ケアハウスは原則として、介護認定を受けてからは入居できません。要支援までの認定のうちに申し込みが必要です。マイホームをお持ちの方は、マイホームを売却してケアハウスに住み替えることで、生活の不安は相当軽減できます。

ケアハウスの費用負担は実際にいくら?

建築費に自治体などの助成があるが、基本的には
社会福祉法人や医療法人などの民間が運営している施設

年収によって月額費用は異なるが、保有資産が多くても
費用負担が増えることはない

[ケアハウスの費用負担例]

年収150万円以下の方の月額負担	
生活費(食事代など)	4万7000円
管理費(居室代など)	2万円
事務費	1万円
合計	7万7000円

年収190万~200万円の方の月額負担	
生活費(食事代など)	4万7000円
管理費(居室代など)	2万円
事務費	2万5000円
合計	9万2000円

別途、居室の電気代がかかる
冬期は暖房費が3000~5000円程度加算される

念願の地方移住を叶えたが健康問題で生活が一気に不便に

丸石勇人さん（82歳）

関西出身の丸石勇人さん（仮名・82歳）は、65歳でリタイアした後、温泉好きが高じて九州のある都市に住み替えました。

退職金の多くを使って、新居と新車を購入。温泉三昧の日々を満喫していましたが、奥様の美沙さん（仮名）は友達のいない生活にうんざりして新居購入後3年ほどで元の家に戻ってしまいました。

丸石さんも70代半ばまでは田舎のひとり暮らしを楽しんでいたのですが、**白内障の影響で運転がしづらくなり、免許証を返納すると生活は一変。病院に行くにもタクシーの配車が必要になり、生活コストは増えました。**

住み替えた家の購入で退職金をほぼ使い果たしていたため、退職までに築いた貯蓄を取り崩しながら、何とか生活を維持しています。九州の家を売ろうにも、値下がりが大きく、「住み替え先は賃貸にするべきだった」と悔やむ日々を送っています。

地方移住は免許証返納後も生活が成り立つかが重要です

夫を亡くした後ケアハウスに住み替えて生活費の不安がほぼゼロに

本橋由紀子さん（78歳）

78歳の本橋由紀子さん（仮名）は3年前に北関東にあるケアハウスに住み替えました。

夫を亡くして10年以上の月日が流れ、子供がいないこともあって、ひとり暮らしが不安だったそうです。

ある日、シニア向けの女性誌で、ケアハウスの記事を発見。部屋の広さや値段の安さ、看護師が常勤している点にも魅力を感じ、すぐにケアハウスに電話しました。

電話したときには満室でしたが、待機リストに名前を載せてもらい、半年後、入居できました。

入居した**ケアハウスの月々の費用負担は8万円程度。この中に家賃や食事代（3食分）、事務費（人件費など）、水道代などが含まれます。部屋に緊急通報ブザーがあるので、万が一の場合も安心**です。

現在は、遺族年金だけで十分に暮らせており、家を売却したお金を温存できています。年に一度、ビジネスクラスで海外旅行に出かけるのが楽しみだそうです。

ケアハウスは、コストは安いですが、自立状態でないと入所できない点に注意しましょう

サ高住で貯蓄を温存した後介護付有料老人ホームに転居

斎藤隆さん（81歳）

北陸地方の介護付有料老人ホームに住む斎藤隆さん（仮名・81歳）。60代半ばで妻に先立たれ、2人の娘たちは関西と山陰地方に嫁いでいます。ひとり暮らしを不便に感じた斎藤さんは、73歳のとき、サービス付き高齢者向け住宅（サ高住）に住み替えました。

サ高住を選んだ理由は、入居時の負担が数十万円で済み、交通アクセスも良かったことです。

その後、斎藤さんは76歳で要支援認定を受け、2年前には要介護2となりました。サ高住で在宅介護サービスを受けていましたが、入居者には元気なシニアが多く、自分との差を感じていました。

そこで、再度の住み替えを決意。**都市圏の介護付有料老人ホームは、入居一時金の負担が重くて老後資金に不安があり、費用負担の軽さを考えて北陸地方の介護付有料老人ホームを選びました。**

都市圏から離れたホームを選んだことで、1か月の負担は要介護3の認定を受けている今でも20万円以下で済んでいます。

健康状態の変化に伴って
より今の自分に合った
施設に住み替える
という手もあります

第5章

いちばんの不安
医療・介護にかかるお金はいくら？

医療費の備えは300万円が目安 介護費用はキリがない

医療費はどのくらい取り分けておくべき?

医療費の目安

200万〜300万円

「2021年生命保険に関する全国実態調査」(生命保険文化センター)

・自己負担は1割〜3割
・「高額療養費」で自己負担には上限がある

【医療費の注意点】
健康保険の対象にならない治療費に注意
(例)
・インプラント治療
・白内障の眼内レンズ再建術(2焦点や3焦点)
・がんの陽子線 or 重粒子線治療

老後資金から医療費分として200万〜300万円は取り置く

70代を迎えると、持病で定期的な病院通いをしていたり、体調不良でたびたび病院を受診されたりする方も多いはずです。どのような病気に、いつ罹患するかは、自分では予測しようがありませんが、70代以上になったら、医療費はかかり続けると覚悟しておきましょう。具体的には、**老後資金から200万〜300万円程度は、医療費分として取り置いておきたい**ところ。これ以外に介護費用の取り置きも検討しましょう。

介護費用は見積もりにくい現実がある

介護費用の目安

幅広いサービス × **何年間?**

・公的介護保険なら自己負担は1割〜3割
・「高額介護サービス」で自己負担の上限があるが、居住費などは対象外

【介護費用の注意点】

- **在宅介護が必ずしも安く済むとは かぎらない**
- **都市部の介護付有料老人ホームは入居一時金が1000万円を超えるところも多い**

ある程度抑えられる医療費 いくらでもかかる介護費用

健康保険の対象となる医療費は、1〜3割負担ですみます。加えて「高額療養費」の制度があるので、入院などでまとまった医療費がかかっても、最終的な支払額は自己負担割合より少なくなるのが一般的です。

いっぽうの介護費用は、公的介護保険のサービスだけなら、費用の1〜3割の負担で済みますが、**介護付有料老人ホームといった高齢者施設に住み替える場合などは、予想以上に負担が増える**おそれがあります。

膝関節症のほうが胃がんよりも入院費用が高い

健康保険の対象になる治療では、治療ごとに点数（単位）が決まっています。点数は1点につき10円。単位数×10円で医療費が計算されます。とはいえ、医療事務の知識でもないかぎり、治療ごとの単価を知る機会はなく、病気の治療費は、病院からの請求内容を見て初めてわかるのが現実です。

左のページに、代表的な病気を取り上げて、1回の入院にかかる費用を掲載しました。**1回の入院で100万円を超える医療費がかかることも珍しくない**現実がおわかりいただけるのではないでしょうか。

もちろん高額な医療費がかかったとしても、**高額療養費制度のおかげで、実際に負担する医療費は軽減されます**。70歳以上で一般（年収156万〜約370万円）の方は、世帯ごとに1か月5万7600円の負担が上限です。（2023年9月現在）。

ただし健康保険の対象になる治療のみを選択できないケースでは、高額療養費制度の適用がなされないことは理解しておきましょう。

病気ごとの平均入院費用

病名	1入院費用
胃がん	94万4056円
結腸がん	93万2017円
直腸がん	107万4287円
気管支がん 肺がん	86万0261円
心筋梗塞	173万0618円
肺炎	98万1337円
喘息	36万4941円
脳梗塞	176万6976円
脳出血	257万2961円
糖尿病	71万8332円
大腿骨頸部骨折	216万5201円
胃潰瘍	63万6522円
急性腸炎	32万2110円
虫垂炎	58万2419円
胆石症	75万6620円
前立腺肥大症	56万3990円
白内障	25万0963円
痔核	28万8104円
子宮筋腫	76万1429円
狭心症	64万0148円
腎結石及び尿管結石	40万8033円
乳がん	78万1009円
膝関節症	207万7574円
鼠径ヘルニア	43万0906円

※（公社）全日本病院協会「診療アウトカム評価事業」2021年度医療費（重症度別）年間集計より
※表の医療費は10割負担で実際の負担額とは異なる

白内障の多焦点レンズやインプラント

高額療養費外の治療は案外多い

左ページの表は、「年代別の医療費の自己負担額」です。70代から急激に医療費が増えること、70代までは外来＋投薬の治療が中心だったものが、80代に入るにつれ、入院での医療費が増えることがわかります。

健康保険の対象外の治療は、高額療養費制度の上限が適用されず自己負担が増えます。たとえば高齢期の手術としてポピュラーな白内障の眼内レンズ再建術では、健康保険の対象にならない部分のある高機能な多焦点レンズを用いるケースが増えています。3焦点レンズを選択すると、100万円くらいかかるケースもあります。

また歯科治療で、インプラント治療を受けた場合、歯科医院によって異なりますが、1本30万〜50万円程度かかります。複数本を治療するケースも少なくありません。

「高額療養費制度があるから入院しても大丈夫」と考える方もいますが、**入院中には差額ベッド代、食事代、入院中の生活費、お見舞いのお返しなど、高額療養費制度の適用外の出費がかさむこともあります**。また、老眼鏡や補聴器のように高齢期に必要なものの購入費用にも目を向けることが大切です。

医療費は70代から急に増える

[年代別の1人当たりの医療費]

医療費計

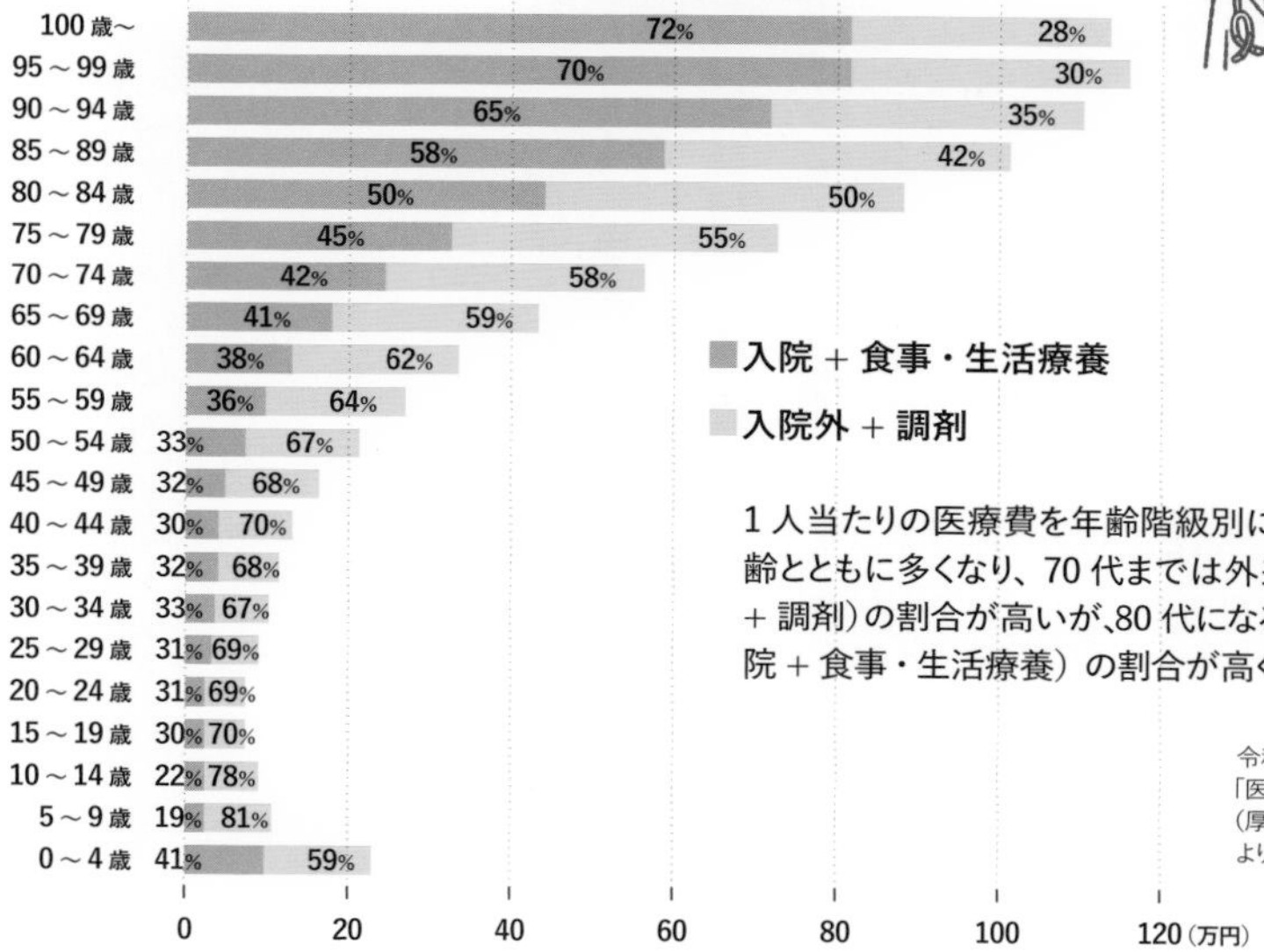

1人当たりの医療費を年齢階級別に見ると、年齢とともに多くなり、70代までは外来（入院外＋調剤）の割合が高いが、80代になると入院（入院＋食事・生活療養）の割合が高くなる。

令和元年度
「医療給付実態調査報告」
（厚生労働省保険局）等
より作成

[高額療養費制度の適用外になる費用]

差額ベッド代	入院する部屋の料金。1日0円の大部屋から数万円する個室まで様々。平均額は全体で6613円。1人部屋で8315円、2人部屋で3151円※
入院中の食事代	一般の人：1食460円 非課税世帯：1食210円（90日以降160円、70歳以上100円）
大病院などの初診費用	他の医療機関等の紹介状なしに特定機能病院（大学病院など）を受診した場合、初診時または再診時にかかる費用
先進医療費	国が認可する特定の医療機関で行われている最先端治療。保険が適用にならず全額自己負担となる（診察や検査費用などは保険適用）
自由診療費	国の認可はないが最先端の治療法などもある。診察や検査等含め全額自己負担
その他	入院中の生活費、家族の交通費、お見舞いのお返し等

※厚生労働省中央社会保険医療協議会 第528回 令和4年9月14日の資料より

年間医療費が10万円未満でも医療費控除が受けられる人もいる

1年間にまとまった医療費がかかった場合、医療費控除の申告をすると所得税が戻り、翌年の住民税を軽減できます。

一般的には医療費が10万円を超えると申告できる制度と思われがちですが、じつは、医療費から「所得の5%」と「10万円」の低いほうの金額を差し引いた額が対象。**年金生活者なら「所得の5%」を選択すれば、控除が受けやすくなります**。

一例として、年金額が200万円の人の場合、公的年金控除の110万円を差し引くと、所得は90万円になります。そして、90万円の5%は4万5000円。このケースの場合、所得の5%を選択したほうが、医療費控除額を多くできます。

また医療費控除の特例に当たる、セルフメディケーション税制の選択も可能。これは健康診断やがん検診、予防接種などを受けた人が**年間で1万2000円以上の対象医薬品（スイッチOTC医薬品）を購入した場合に申告できる制度です**。なお、セルフメディケーション税制の申告をしない場合は、対象医薬品の購入費用を医療費控除の医薬品代に含められます。

年金生活者の医療費控除は、「所得の5%」を使ったほうが有利になるケースが多い

[医療費控除の計算式]

かかった医療費 ［　　円］ － 差し引く金額 ［　　円］ ＝ 医療費控除額 ［　　円］

（差し引く金額：10万円か、所得の5%）

年金収入が200万円、かかった医療費が20万円の例

▶10万円を差し引く場合

20万円－10万円＝10万円

医療費控除額は **10万円**

▶所得の5%を差し引く場合

年金収入－公的年金控除額※＝所得

（※65歳以上で330万円未満は110万円）

200万円－110万円＝90万円

90万円×5%＝ 4万5000円（所得の5%）

20万円－4万5000円＝15万5000円

医療費控除額は **15万5000円**

所得の5%を差し引くほうが控除額が増える

差し引く金額は4万5000円でOK！
医療費控除額を5万5000円も増やせます

医療費控除に届かなくても、市販薬の購入が多い人は、セルフメディケーション税制が使える可能性も

対象	「健康診断」や「予防接種」を受けるなど、健康に注意している人で、対象となる医薬品を1年間に1万2000円以上購入した人
注意点	医療費控除と、セルフメディケーション税制はどちらかしか選べません。ただし、対象となる医薬品の購入費用を、一般の医療費控除の金額に加算できます

実際の介護にかかる金額は在宅で月4・8万円、施設で12・2万円

介護にかかるお金をデータ（生命保険文化センター「生命保険に関する全国実態調査」２０２１年）から紹介すると、介護費用の平均額は１か月８万３０００円。また、要介護度によっても金額は異なります。さらに在宅介護と施設介護別に見ていくと、**在宅介護では月額４万８０００円、施設介護では月額12万２０００円かかる**という結果になっています。

介護費用は、それ以前の家計支出にはなかった費用。年金暮らしの中では、赤字が増える要因になります。**介護状態になると、外食費や教養娯楽費、レジャー費などの負担が減ります。いっぽうで、安い食材を選んで買い物するのは難しくなります。**できる範囲で赤字額を抑える努力をするケースが多くなります。

介護費用を考えるときに大切なのは、特別養護老人ホームや介護付有料老人ホームへ住み替えした場合、月々いくらなら払えそうかを見積もること。介護付有料老人ホームのような民間施設へ住み替える可能性があるなら、入居一時金として払えそうな金額の見積もりも大切です。

介護にかかった費用はいくら？

一般的な費用の合計：平均74万円

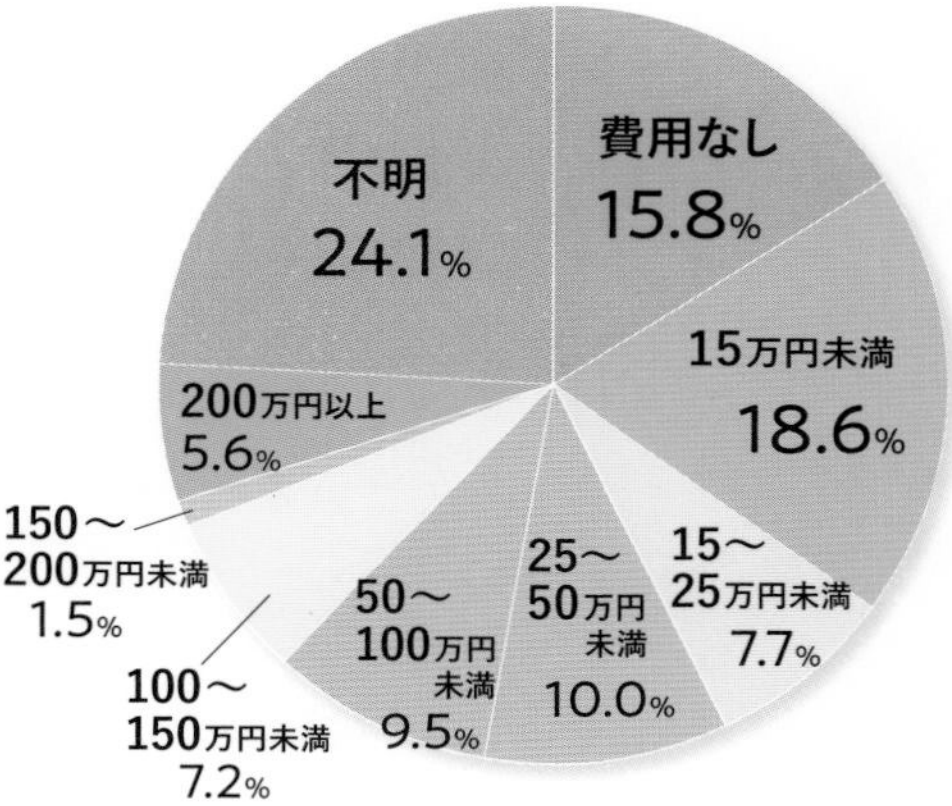

月々の費用：平均8.3万円

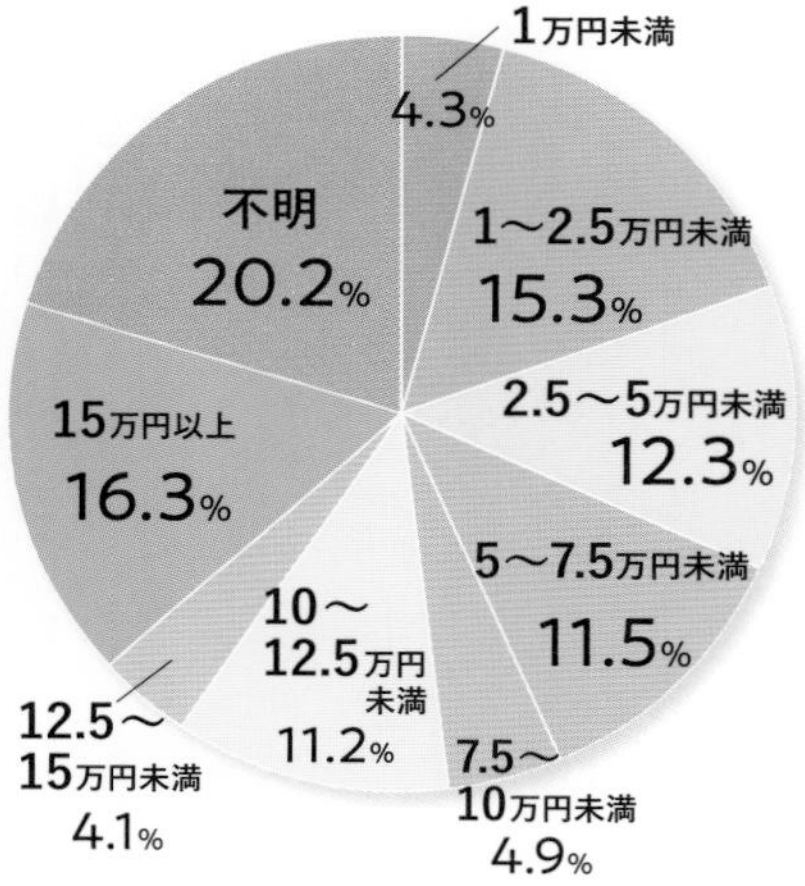

●介護を行った場所別介護費用（月額）

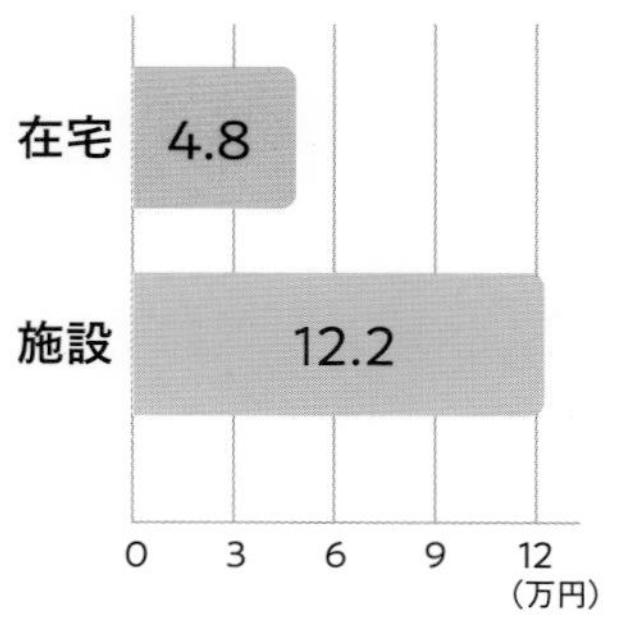

・支払った費用がない人を0円として平均を出しています。

●要介護度別介護費用（月額）

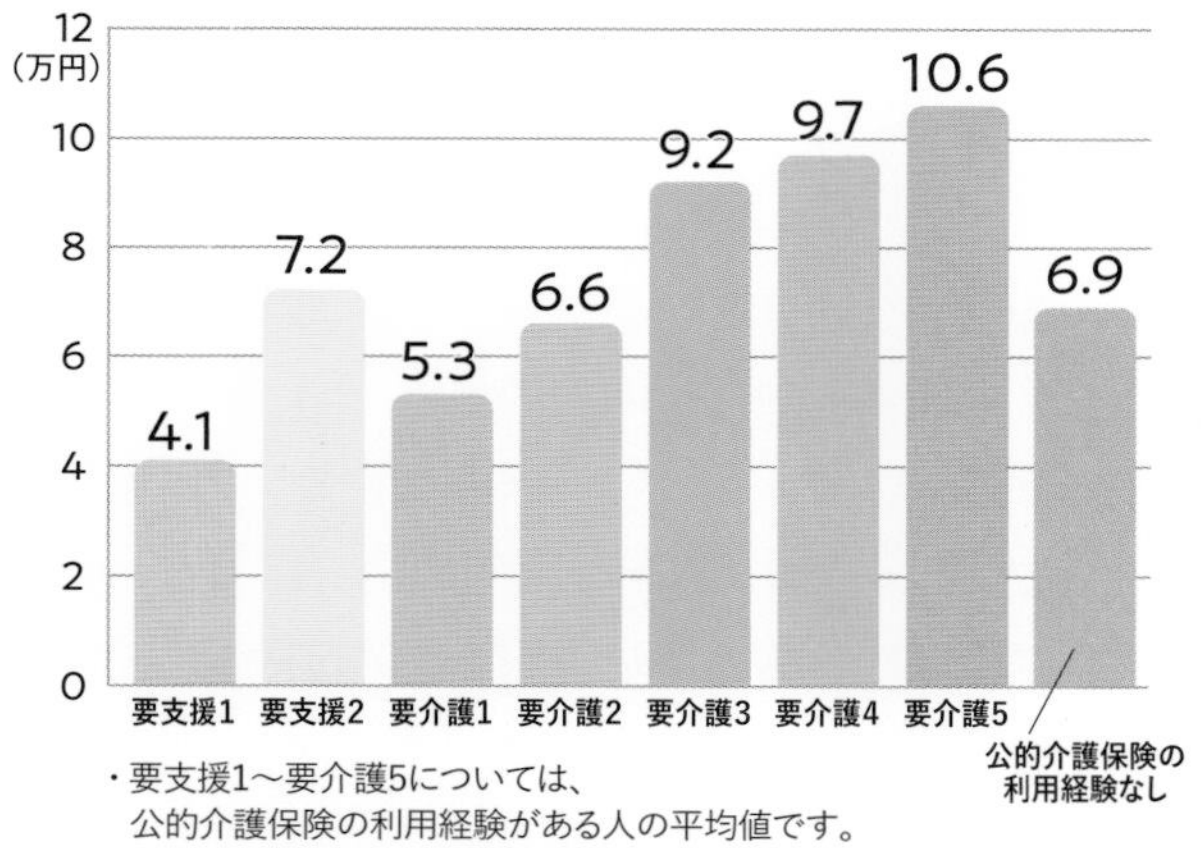

・要支援1〜要介護5については、公的介護保険の利用経験がある人の平均値です。
・支払った費用がない人を0円として平均を出しています。

2021年「生命保険に関する全国実態調査」より（生命保険文化センター）

☛ 次のページからは、主な高齢者施設について紹介していきます。

特別養護老人ホーム（特養）

費用の概算＝1か月7万～26万円

要介護3以上の中～重度の人が終の棲家として暮らす場所

原則として、要介護３以上と認定されている人が申し込みをできる公的な高齢者施設。介護が必要になったときの住み替え先として、思い浮かべる人の多い施設ともいえます。**特養は要介護３以上の中～重度の介護に対応しているため、終の棲家として、最期を迎える方も多くなっています。実際に特養で看取りを行うケースはたくさんあります**。

特養には８～10室程度の個室を１つの単位として、共用の食堂やリビングを使いながら生活するユニット型個室のほか、従来型の個室、４人部屋などの多床室があります。費用はユニット型個室がいちばん高く、従来型個室、多床室の順に安くなります。

以前は、年金などの収入が少なければ、補足給付（軽減措置）が受けられて月に数万円程度で入居できましたが、**資産基準が導入されている現在は、年収が少なくても、一定額以上の資産があると、月に13万円以上は払います**。いっぽうで、要介護１と２の人が申し込めなくなり、資産基準の導入で利用料が上がったことから、以前よりも待機者は減っています。

特養ユニット型個室のリビング。このリビングを取り囲むように個室が10部屋ほど配置されている

各ユニットには、キッチンや浴室も設置されている

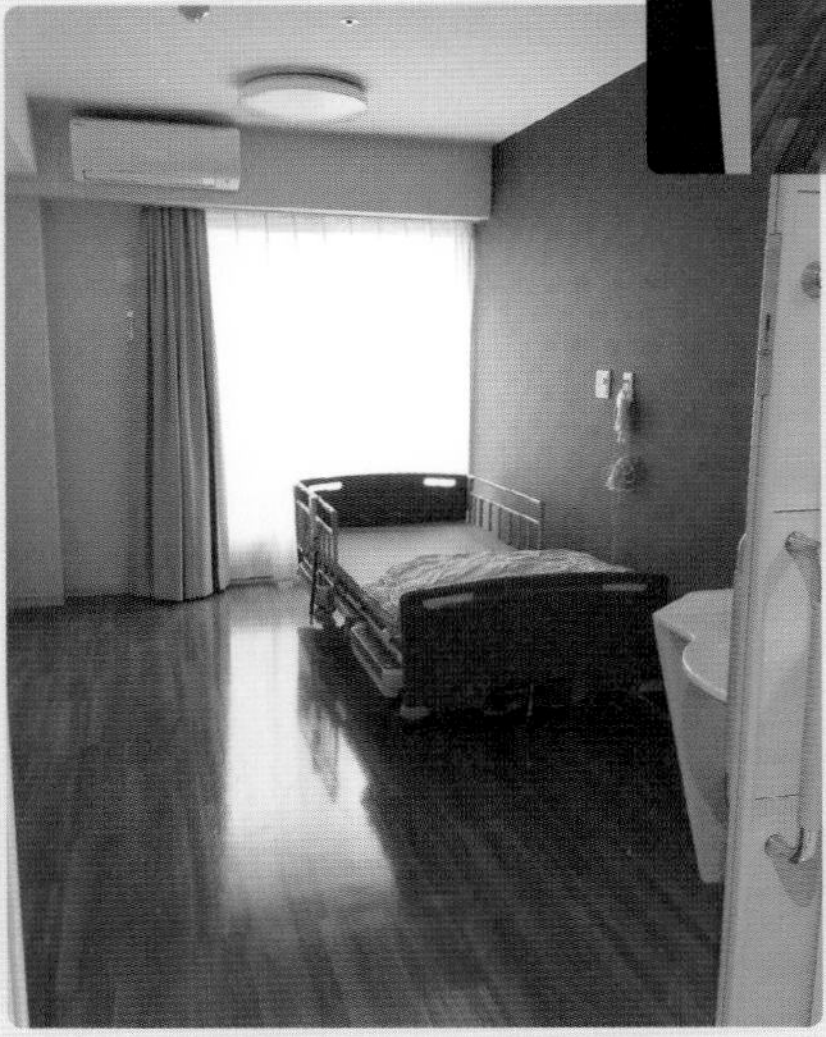

個室の内部。全室個室でプライベートにも配慮されている。大きな窓があって開放的

介護老人保健施設（老健）

費用の概算＝1か月 15 万～ 25 万円

自宅に戻ることを目指してリハビリをしながら暮らす

通称・老健と呼ばれ、特養と並ぶ公的な高齢者施設。**入院したのち、すぐに自宅に戻るのは難しい人が、自宅復帰を目指してリハビリを行いながら暮らす施設です**。特養とは異なり、3 か月や 6 か月など入所期間に制限が設けられているため、原則として老健は、終の棲家にはなりません。

特養の待機者の多いエリアでは、老健を特養に入所するまでの待機施設として利用する人もいます。老健には個室と多床室があり、個室では 20 万円を超えるところも多くなっています。

グループホーム

費用の概算＝1か月 10 万～ 30 万円

認知症の高齢者が顔見知りの少人数で暮らす

認知症を患う高齢者が、5～9 人の少人数で暮らす場所です。認知症ケアの専門スタッフが常駐し、家庭的な雰囲気の中で共同生活を営みます。

グループホームは原則として、居住地内の施設しか入所できません。住所地の地域密着型サービスを利用するからです。グループホームの形態としては、大きめの一軒家だったり、集合住宅のような建物だったりと、運営主体によっても異なります。月額費用も、10 万円から 30 万円程度まで、地域によってさまざまです。

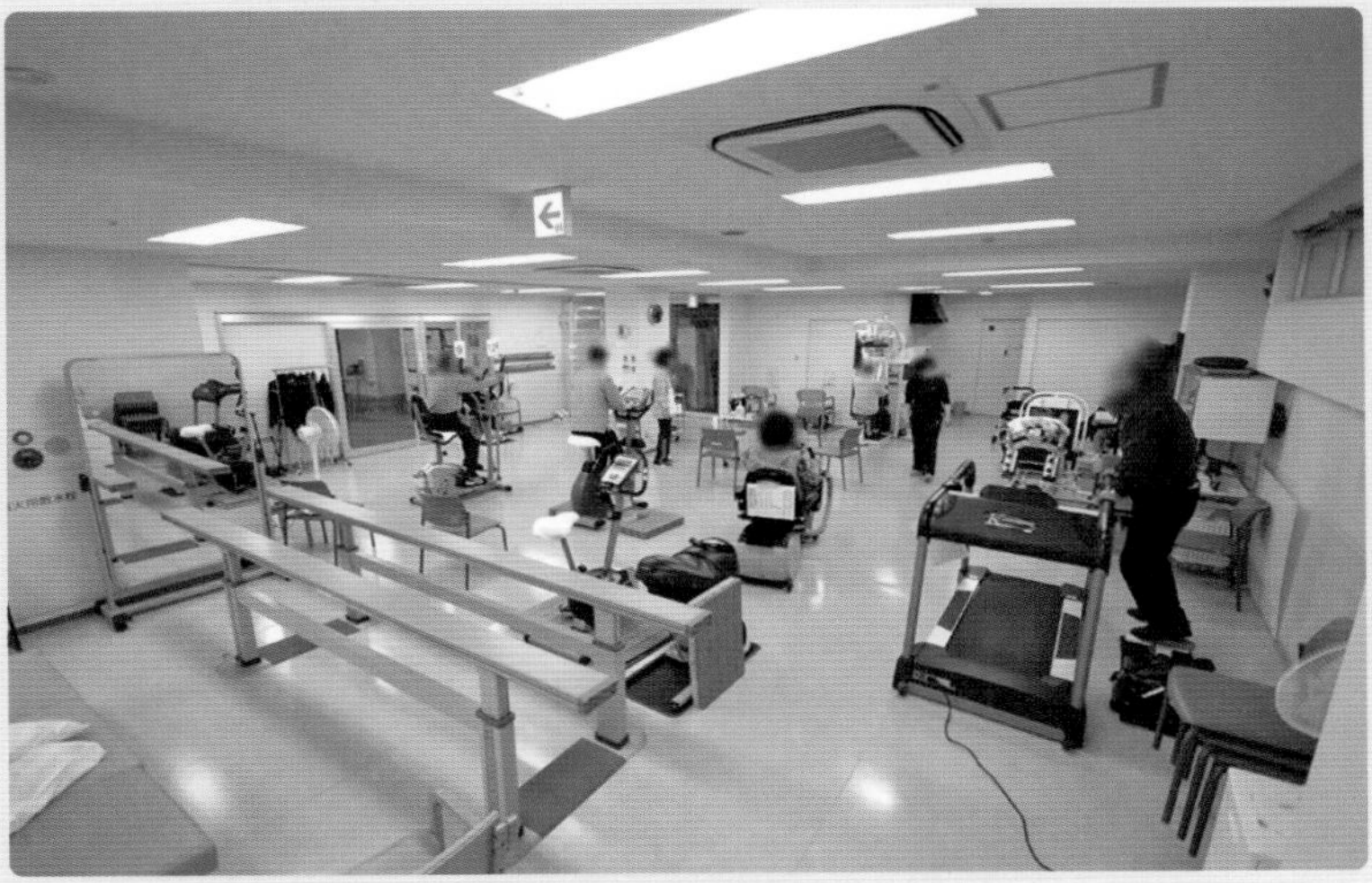

介護老人保健施設「ケアライフ朝霞」のリハビリルーム

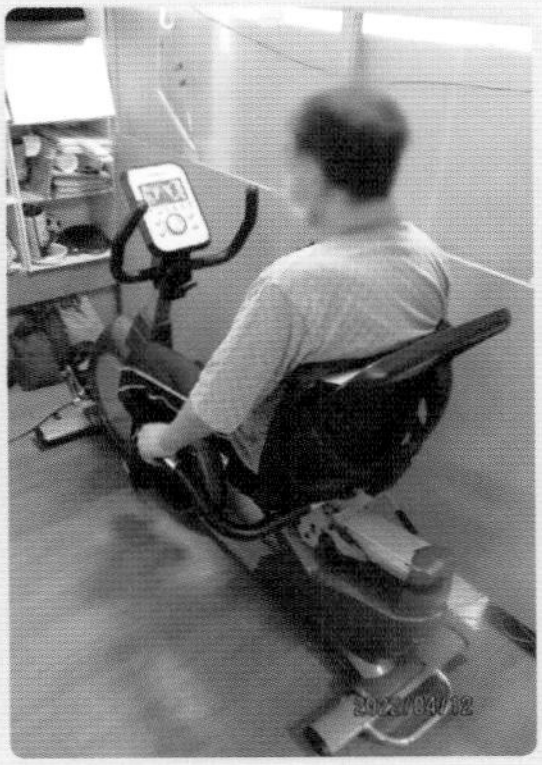

リハビリの様子

浴槽。通常の浴槽のほかに、自力で入浴するのが難しい方のための機械浴槽もある

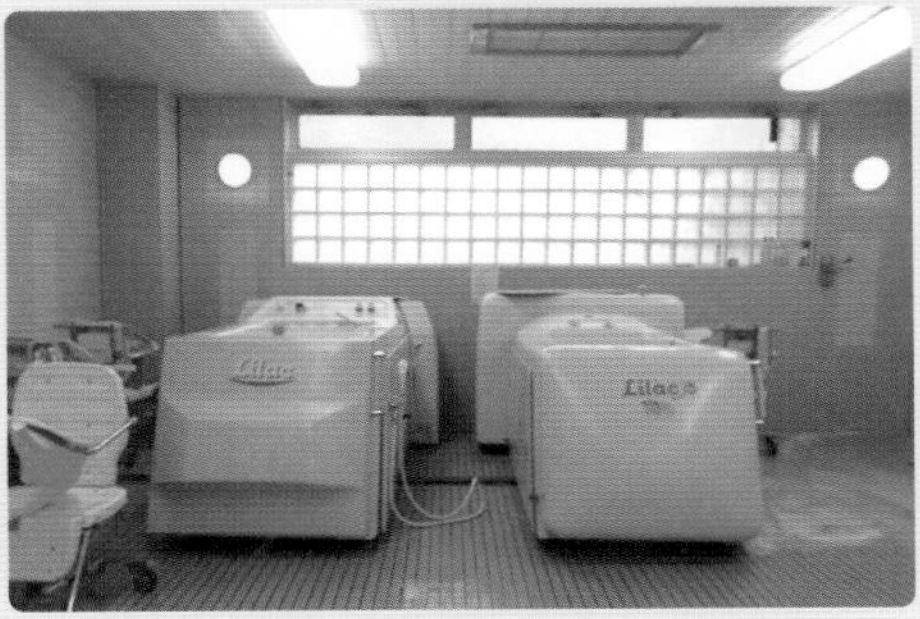

ケアハウス・介護型ケアハウス

費用の概算＝1か月7万～20万円（介護型10万～23万円）

負担の軽さが魅力の施設。
介護型なら要介護5までOK

ケアハウスは60歳以上の、原則として自立した生活が営める人（介護認定を受けていない人、要支援はOK）が入居できる高齢者施設。食事が1日3食提供され、また食事時間以外は自由に過ごせます。また入居後に要介護認定を受けても、要介護2～3くらいまでは、住み続けられるケアハウスが多くなっています。ケアハウスで介護を受ける場合は、介護事業者と契約を結んで、必要な介護サービスを提供してもらいます。

介護型ケアハウスは、65歳以上で、介護認定を受けている人が入居できる高齢者施設。特養と同じく「特定施設入居者生活介護」の認定を受けているので、24時間、365日の介護が一定額で受けられます。介護型ケアハウスは要介護1から、中には要支援から申し込めるところもあります。特養は要介護3にならないと入所申請ができないので、介護型ケアハウスの存在を知っておくといざというときに安心できます。

ケアハウス、介護型ケアハウスとも、事務費（人件費など）については助成があるため、収入の少ない人ほど、月額負担も少なくなります。

ケアハウスのお風呂。安全に配慮し手すりなどもしっかり設置されている

ケアハウスの居室。一部の都市部を除き、単身 21.6m^2（13 畳）以上、夫婦 31.9m^2（19畳）以上と定められているため、ひろびろ

ケアハウスでは栄養に配慮された食事が１日３食提供される

住宅型有料老人ホーム

費用の概算＝1か月 18万～ 50 万円、入居一時金＝数十万円～ 1 億円超

入居時は自立が条件。 要介護でも住み続けられる

主に入居時には自立している高齢者が暮らす施設。入居一時金は数十万円～１億円超など、千差万別。**介護認定を受けていない人が多く暮らす施設なので、介護付有料老人ホームよりも共用施設が充実している**のが一般的です。たとえば図書室やシアタールーム、麻雀室、絵画室、喫茶コーナーなど、施設ごとにいろいろな共用施設が設けられています。なお、**介護認定を受けても、そのまま住み続けられるホームと、介護棟に移動するホーム、住み替えが必要になるホーム**があります。

サービス付き高齢者向け住宅

費用の概算＝1か月10万～15万円（食事代などは別途必要）、入居一時金＝数十万円

生活相談と見守りが付いた高齢者専用マンション

サービス付き高齢者向け住宅（サ高住）の**「サービス」とは、介護サービスではなく、生活相談と見守りのこと。原則として、自立した生活が送れる高齢者が暮らす場所**で、共用施設の充実したマンションのようなイメージ。一般的な賃貸住宅と同じように敷金（入居一時金）などを支払って入居します。

介護が必要になった場合は、外部の事業者と契約して介護サービスを受けますが、中には建物内に介護事業者が入居していて、その事業者と契約できるケースもあります。

清潔で広々とした居室。高齢者向け施設にいることを忘れてしまいそう

共用施設が魅力的、なかには露天風呂付きの施設も！

ビールの自販機が設置されているホームも。お風呂上がりの一杯も楽しめる

賃貸形式で、介護付有料老人ホームと比べて居室が広いのが特徴。介護予防に使えるリハビリルームを備えた施設も多い

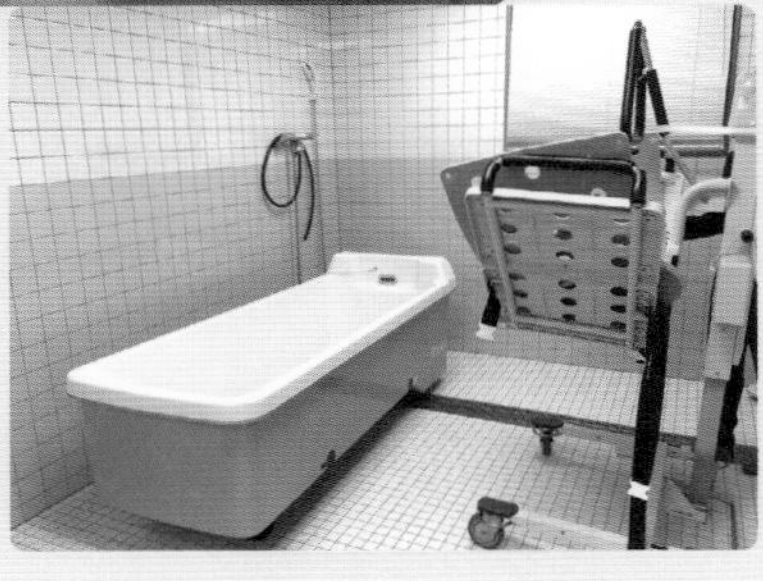

追加料金で食事の提供を行ってくれる施設も多い

介護付有料老人ホーム

費用の概算＝1か月 13万～ 80万円
入居一時金＝数十万円～ 1億円超

24時間365日の介護が
施設スタッフから受けられる

介護付有料老人ホームでは、要支援1～要介護5まで、介護保険の認定を受けている人が暮らせます。「介護付」という表記がされている有料老人ホームは、特定施設入居者生活介護の認定を受けている施設です。この認定を受けていると、**24時間365日、ホームのスタッフから介護サービスを受けられます。在宅介護とは異なり、ケアマネジャーやヘルパーを選ぶ必要はありません**。

介護付有料老人ホームは民間施設なので、運営主体によって建物や部屋の仕様、共用施設、食事やアクティビティ、リハビリなどの内容はさまざまです。入居一時金についても数十万円から1億円超までまちまち。年齢によって、入居一時金を変えているところもあります。その場合、**年齢が上がるほど、入居一時金は安くなります。入居一時金は、家賃の前払いに当たるお金なので、入居時には支払わず、月々の費用に上乗せして支払うことも可能です**。

介護付有料老人ホームでは、体験入居を実施しているところが多いので、気になる施設を見つけたら、宿泊体験をしてみることをおすすめします。

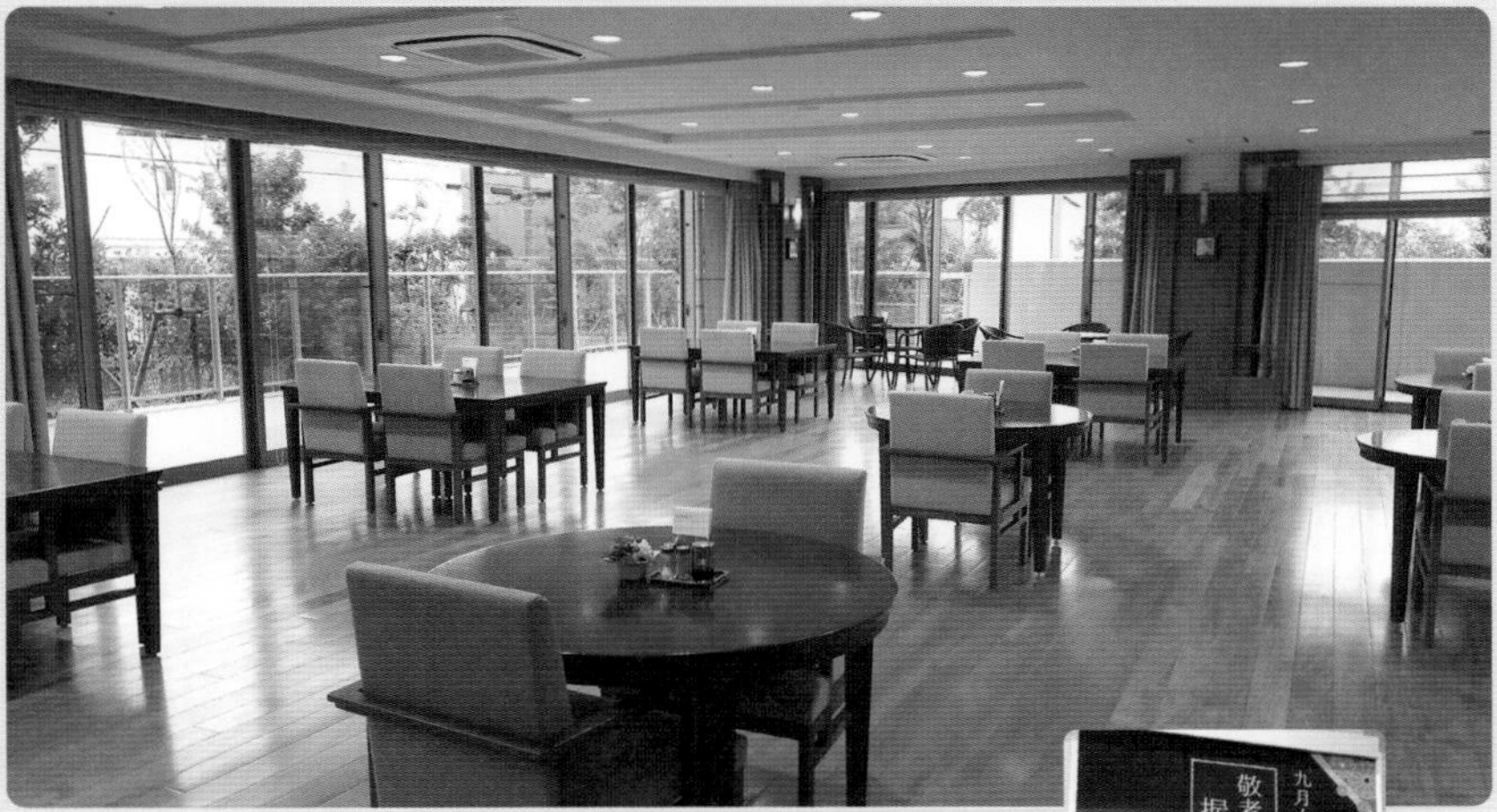

広々として高級感のある食事スペース。
特別食としてお寿司が提供されることも

まるで温泉旅館のような大浴場。天然温泉付きの施設もある

一般的に安いイメージがある公的施設の特養が民間施設より割高なことも

高齢者施設をタイプ別にざっくりと分けたとき、特別養護老人ホーム（特養）や老人保健施設（老健）に代表される公的施設と、介護付有料老人ホームやサービス付き高齢者向け住宅のような民間施設があります。一般的には公的施設は安くて、民間施設は高いというイメージがありますが、制度改正によって公的施設が安いとは言い切れなくなっています。

たとえば、５００万〜６５０万円以上の資産を持つ単身者が、特養のユニット型個室に入所する場合、補足給付（軽減措置）が受けられません。そのため、介護保険の自己負担割合が１割の人でも、月額13〜16万円くらいかかります。**月に13万〜16万円も払うなら、都市圏以外では介護付有料老人ホームに入居できるのです。**

これからは「特養は安くて、介護付有料老人ホームは高い」という決めつけをしないことが大切。少しでも満足度の高い介護を受けるためには、自分が支払えそうな金額を見積もったうえで、介護付有料老人ホームのような「特養以外の選択肢」にも目を向けることが重要になってきています。

特別養護老人ホームの軽減措置のしくみ

●補足給付(軽減措置)が受けられなくなる資産額

収入額	資産額
年金収入等が 80 万円以下の場合	単身者650万円以上 / 夫婦1650万円以上
年金収入等が 80 万円超 120 万円以下の場合	単身者550万円以上 / 夫婦1550万円以上
年金収入等が 120 万円超の場合	単身者500万円以上 / 夫婦1500万円以上

※公的年金の中には非課税年金(遺族年金など)も含む

●単身者が特養のユニット型個室に入所した場合の費用

利用料は1か月30日として算出

収入	貯蓄	月額利用料	居住費 ユニット型個室	食事代	日常生活費※	合計
160万円	800万円	要介護5の場合 2万7870円【要介護度によって変動】	6万180円	4万3350円	1万円	14万1400円
160万円	300万円		3万9300円	4万800円	1万円	11万7970円
110万円	300万円		3万9300円	1万9500円	1万円	9万6670円
70万円	300万円		2万4600円	1万1700円	1万円	7万4170円

※理美容代や石鹸、歯ブラシなどの生活雑貨、娯楽費、交通費などは実費請求されます。
またリハビリなどの個別機能訓練等で加算される場合があります

一定の年金収入や蓄えがある方にとっては
「特養だから安い」とはいえなくなってきています

いい施設に入るには元気なうちの見学が重要

人生の最期まで自宅で暮らしたいと願う人であっても、健康状態によっては、住み替えが必要になるケースがあります。ところが介護認定を受け、徐々に介護状態が重くなっているのに、自宅を離れたがらない方もいます。在宅介護が無理なく成り立つならよいのですが、介護する家族の負担は見逃せません。「介護が重くなったら住み替えも仕方がない」という覚悟が重要になります。

高齢者施設への住み替えをこばみやすいのは、見学などの経験がなく、情報の少ない人。そうした方が住み替える覚悟を持たないまま高齢者施設に移ってしまうと、施設でも不満を抱えやすい特徴があります。

いっぽう、元気なうちに高齢者施設の見学をして、介護が必要になったときの住み替え先をイメージできる人は、住み替えへの抵抗感が薄く、施設になじみやすい傾向があります。納得のいく施設へ住み替えられれば、「ありがとう」の言葉も口にしやすくなり、スタッフとも良好な関係が築けます。元気なうちから積極的に施設を見学することが、将来の介護の不安を軽減する方法といえるのです。

施設を見学したいなら、この方法で！

- 新聞やネットで、高齢者施設の見学会を探す
- 自分で施設を探して、電話して申し込む
- 市役所などで、地域の高齢者施設の情報を集めてみる

見学の際、確認したいこと

★介護付有料老人ホームの場合の例

- ☑ 入居一時金の金額のほか、初期償却の割合と償却期間
- ☑ 入居者の平均年齢と男女の割合
- ☑ 入居者の平均介護度と認知症の方の割合
- ☑ 看取りの可否と過去に看取った人数
- ☑ 医療措置について、できることとできないことの例
- ☑ アルコールが好きな人は、食事の際にお酒を飲めるか
- ☑ お風呂の入浴可能回数と時間
- ☑ アクティビティの種類や活動状況
- ☑ 外出の際に利用できるシャトルバスの有無

終の棲家と思っても、医療対応によっては退去が必要になる場合も

「住み替えるなら、1回だけ」と考える人は多いでしょう。住み替えは体力も気力も使いますので、当然の感覚だと思います。

ただし知っておいて欲しいのは、病気によっては、施設側から住み替えをうながされるおそれがあること。たとえば認知症で糖尿病を患っている人がいるとします。その人が1日に数回インスリン注射を打つ必要があれば、看護師が常駐している施設を選ばなければなりません。**高齢者施設側は、介護に関するケアはできますが、医療に関しての義務は負っていません。施設側で対応が無理な処置が日常的に必要になってしまえば、住み続けることが難しくなる**のです。

医療の面では退去せざるをえないケースがたくさんありますが、介護については、要介護5の重介護者であっても、他の入居者やスタッフに迷惑をかけなければ退去を強要される心配はありません。

介護では終の棲家として信頼できる施設でも、医療対応によっては、終の棲家にならない施設もある現実を知っておきましょう。

施設の退去は、介護ではなく医療措置で決まることも多い！

特別養護老人ホームや介護付有料老人ホーム、
介護型ケアハウスのように
「特定施設入居者生活介護」の認定を受けている施設は、
要介護5などの重い介護状態になっても、
原則として退去をうながされる心配はない
（認知症の症状により、他の入居者に迷惑をかける場合などは除く）

ただし！

医療措置については、施設ごとに対応がまちまち

看護師がいる施設であれば、下記のような処置ができる

- インスリン注射
- 点滴の管理
- 褥瘡（床ずれ）の処理
- たんの吸引
- 中心静脈栄養
- 胃ろうや腸ろう
- 在宅酸素

これら以外の医療処置については、
見学の際に施設側に
確認することが欠かせない！

申請から介護認定が下りるまでには1か月かかる

介護保険のサービスを使うには介護認定を受ける必要があります。介護認定には一次判定と二次判定があり、一次判定では訪問調査とかかりつけ医の意見書を基に、コンピュータを用いて判定します。その後の二次判定では、一次判定を基に専門家からなる介護認定審査会が介護の認定（あるいは否認）を行います。申請をしてから認定が下りるまでには1か月くらいはかかります。**なお、介護認定が下りるまでに介護サービスを受ける必要がある場合は、いったん、費用を全額立て替えなくてはなりません。**ちなみに、初回の認定は6か月有効で再申請は12か月有効です。

要支援は1と2、要介護は1から5の5段階で、要支援と要介護の認定は7段階になっています。介護度が決まると、公的介護保険の給付限度額が決まります。

介護サービスを受けるためには、ケアマネジャーと契約する必要があります。ケアマネジャーに、ケアプランを作成してもらい、それに従って介護サービスを受けます。**ケアプランを作成する際、介護保険の給付上限額までサービスを利用する、または自己負担を抑えるために少なめにしたい、などの要望を伝える**こともできます。

介護認定を受けるまでの主な流れ

❶ 要支援・要介護認定の申請

自治体の担当窓口や地域包括支援センターなどに
認定の申請を行う

↓

❷ 認定調査を行うのと並行して、主治医の意見書を求める

市区町村の調査員などが自宅（施設）を訪問して身体の状態について
聞き取り調査を行う。合わせて、かかりつけ医からの意見書も作成

↓

❸ コンピュータによる一次判定

全国共通のコンピュータによる判定を行う

↓

❹ 介護認定審査会による二次判定

一次判定の結果とかかりつけ医の意見書を基に、
介護認定審査会が二次判定を行う

↓

❺ 要支援や要介護の認定あるいは自立の判定

介護認定審査会の判定に基づき、通知がなされる

↓

❻ 要支援か要介護の認定を受けたら介護（介護予備）サービスのプラン作成

要支援は地域包括支援センターが作成する
要介護１以上は居宅介護支援事業所が作成する

↓

❼ サービスの利用開始

プランに従って、介護サービスを受け、利用料金を支払う

年金内でまかなえる介護型ケアハウスで安心して暮らす

橋本健司さん（79歳）

現在79歳の橋本健司さん（仮名）は、介護型ケアハウスで暮らしています。50代のときに妻に先立たれてからは、長年ひとり暮らし。生活習慣病の影響で食事に不安がありました。

橋本さんが、年金だけで払える施設を探したところ、隣の市の「混合型ケアハウス」の存在を知りました。混合型のケアハウスは自立している方が入れるケアハウスと、要介護の方が入れる介護型ケアハウスが同居した施設です。

橋本さんは自立した状態で入居し、現在は要介護1の認定を受けました。この先、介護度が重くなっても住み続けることを希望。現在、**橋本さんが支払っている介護型ケアハウスの費用は、介護費用を含めて月額15万円程度。年金内でまかなえている**ので、貯蓄が減らない点も安心だそうです。

ケアハウスは費用が安めな点が魅力。介護型なら、介護が必要になっても安心です

自宅内の事故で妻を亡くし高齢者施設への住み替えを決意

小林久さん（81歳）

神奈川県に住む小林久さん（仮名・81歳）は、40代のときに建築現場で大ケガを負い、歩行に障害が残りました。長男夫婦と2世帯住宅に住んでいましたが、3年前、妻が自宅内での事故で亡くなってしまいました。予想もしていなかったことにものすごく落ち込んだ小林さんは、妻との思い出の残る家を離れ、介護付有料老人ホームへの入居を決心しました。

幸い、自宅から2駅離れた場所に条件の合う介護付有料老人ホームを見つけました。長男が会社帰りに立ち寄りやすい点も気に入り、住み替えを実行。

足を悪くしてからは、外出機会が減っていた小林さんでしたが、イケメンということもあって、ホームの女性たちから次々と話しかけられ、アクティビティにも引っ張りだこ。寂しいと感じる暇がないほど、施設での生活を満喫しています。

介護付有料老人ホームは費用も設備もさまざまです。見学して希望に合うか確認しましょう

施設のマイナス面が気になり住み替えできずに後悔がつのる

柏　絹江さん（85歳）

東京都に住む柏絹江さん（仮名・85歳）は、会社員として定年まで働き、独身のまま高齢期を迎えました。

年金額は1か月12万円ほど。配偶者も子どももいない柏さんは、自分の年金で入居できる施設を探し続けました。見学した施設は60か所を超えるそうです。

見学を始めた頃は、早く終の棲家を見つけたいと思っていましたが、見学回数が20回を過ぎた頃から、施設のマイナス面ばかりに目が向くようになりました。「値段の割に食事がまずい」「入居者の表情が暗い」「スタッフが走り回っていて、せわしない」。そんな目で見ているために、**結局、住み替え先を決められないままに80代半ばを迎えました。**「早めにそこそこ気に入った施設に住み替えておけばよかった」と後悔しながら暮らしているそうです。

すべての希望を満たす施設はなかなか見つからないもの。優先順位を決めておくことも大事です

第6章

いざというときのための
70代からのお金の残し方

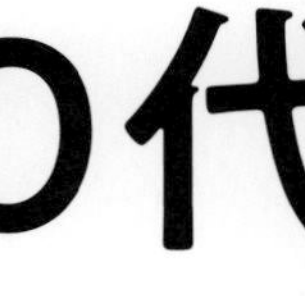

いざというときの心配ごと

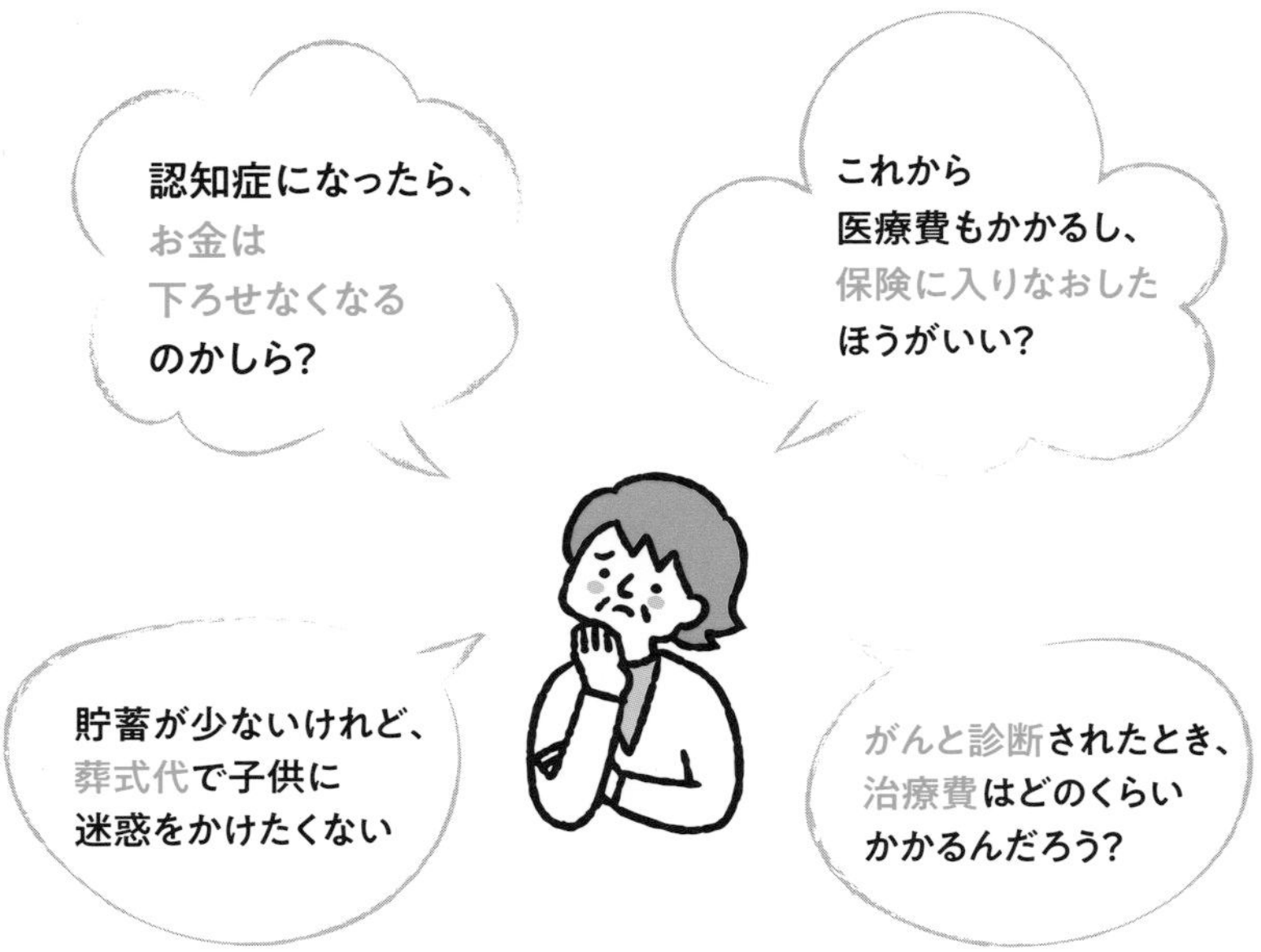
認知症になったら、お金は下ろせなくなるのかしら？
これから医療費もかかるし、保険に入りなおしたほうがいい？
貯蓄が少ないけれど、葬式代で子供に迷惑をかけたくない
がんと診断されたとき、治療費はどのくらいかかるんだろう？

お金をシンプルに整理して もめごとや不安から解放される

今すぐ始めよう「お金の終活」 相続対策は必要？ 不要？

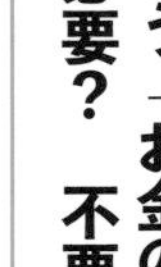

「終活」という言葉は、一般名詞化するほど、ポピュラーになっています。皆様も、何らかの終活を実行されていることでしょう。

ところで、お金の終活というと、相続対策をイメージする方が多いかもしれません。ただ、**相続対策は「必要なご家庭」と、「不要なご家庭」があります。まずはご自身がどちらに当たるのか、確認することが大事です。**それによって終活で行う内容が変わってくるからです。

相続の心配ごと

家は老朽化
しているけど、
このまま相続させて
大丈夫?
株や投資信託は
どうしたら
いいだろうか?
うちの場合、
相続税は
かかるの?
子供達に公平に
相続させるには
どうしたらいい?

税金だけじゃない！ もめごとの火種を消して きれいに次の世代に遺そう

相続対策は必要なくても、もめごとは起こるもの。相続財産の多くが持ち家だけでも、相続人の間でのトラブルは発生しています。たとえば相続財産が、持ち家と２００万円未満の預金の場合、預金は葬儀費用などでほぼなくなります。遺された家には相続人の誰かが住むとなると、家に住めない相続人には、不公平な相続となります。**こうしたおそれがあるなら、親が存命のうちに子供達と相続について話し合い、意見も聞きながら、不公平感を緩和する方法を考える**必要があります。

相続税が発生する人は納税資金の確保も必要。まずはプロに相談

相続税の基礎控除額は3000万円。基礎控除額に、法定相続人（配偶者や子どもなど）1人につき600万円を加算できます。この**基礎控除額を超える相続財産が遺されると、相続税を支払うことになります**。

相続財産は預貯金、株や投資信託といった運用商品、死亡保険金などの生命保険のほか、不動産なども含まれます。預貯金は亡くなった日の残高で、株や投資信託は、亡くなった日の終値のほか、いくつかの日付の中から残高を選択します。死亡保険金については、法定相続人1人につき500万円の非課税枠があります。非課税額を引いた金額を相続財産に加算します。不動産はマイホームであるか、セカンドハウスや投資用不動産であるかによって、相続財産としての評価額が異なります。

預金や運用資産、保険、不動産といった相続財産を加算して基礎控除額を超えそうなら、納税資金の確保、贈与で相続財産を減らすなどの対策が必要です。

相続のしくみは複雑なので、気力も体力もあるうちにすっきりさせておきたいもの。課税されそうな方は税理士に相談するなど、プロの力を借りるのが大切です。

相続税がかかるかどうかの基準は?

相続税の基礎控除額

法定相続人の人数

3000万円＋600万円×□人＝□万円

この額を超えた資産に相続税がかかる

相続するのはだれ?

配偶者…必ず相続人になる
血　族…優先順位の高い人が相続人になる

優先順位	血族の種類
第1順位	亡くなった方の子(故人の場合などは、その子や孫)
第2順位	亡くなった方の父母や祖父母など直系尊属
第3順位	亡くなった方の兄弟姉妹(故人の場合などは、その子や孫)

同じ順位の人が複数いる場合は、全員が相続人となります。
また、先順位の人が1人でもいる場合は、後順位の人は相続人になれません。

[夫が亡くなり、妻と子ども2人が相続人の場合]

3000万円+600万円×3人＝4800万円までの
相続財産は非課税となる

家と金融資産などを合わせて、4800万円を超える
相続財産がある場合は、相続税を納める

★家については「小規模宅地等の特例」があり、特例を使える場合は評価額が80%減額される
★配偶者については、法定相続分か1億6000万円のどちらかまでは非課税で相続できる

※小規模宅地等の特例も配偶者の特例も、相続開始から10か月以内に確定申告をする必要がある!
確定申告をしないと、適用できなくなる可能性があるので、必ず期限までに申告を!

70代に入ったら、銀行口座を減らし家族カードをつくる

相続対策が必要なご家庭も非課税内に収まりそうなご家庭も、**お金の終活として、実行しておきたいのは、銀行口座の数を減らしておくことです**。

現役時代は給与振込口座をはじめ、目的別に管理したり、資産を増やしたりするためにいくつもの口座を保有していたご家庭も多いでしょう。しかし、口座数が多いと、亡くなった後の解約手続きが大変です。

また、メインバンクを決めて、「家族（代理人）カード」の作成もしておきたいところです。家族カードとは、将来、本人以外の家族が口座からお金の引き出しなどができるようになるカードです。

親（自分）の口座の暗証番号を知っているからと、認知症と診断された後も引き出しをしている方もいますが、本来は違法行為に当たります。家族カードは無料で作成できる金融機関が多いので、70代に入ったらお子さんたちと相談して、家族カードの作成をしましょう。家族カードを申し込む口座は、年金が振り込まれている口座にするのがおすすめです。

銀行口座のまとめ方

70代以降は、2〜3くらいに口座をまとめよう

- **年金の振込口座**
  日々の生活費に充てる口座

＋

- **蓄えの口座**
  しばらく使わないお金を預ける口座

最後の取引から10年以上取引がないと、休眠口座になってしまう危険性があります。預金口座をまとめるのは、相続がラクになるだけでなく、休眠口座になるリスクも減らせますよ

家族（代理人）カードとは

口座名義人と生計を同じくする家族が、つくれるカード
本人でなくても、口座からの引き出しが可能になる

【作り方】
口座の持ち主が銀行の窓口へ行き、本人と代理人の「本人確認書類」を提出

本人が認知症になることを想定した制度ではありません。認知症対策には「成年後見制度」や「家族信託」を検討しておきましょう

株などの運用商品は、認知症になると自由に換金しにくくなってしまう

株や投資信託などの運用商品を保有している方の中には値上がり益への期待や、配当金、株主優待の点で死ぬまで保有したいと考える方は少なくないはずです。

運用商品を保有することは、資産を効率的に運用するという面では好ましいことですが、高齢期には価格変動以外のリスクがあることも知っておくべきです。

というのも、**株や投資信託などの運用商品は、認知症と診断されてしまうと、換金するのが難しくなるからです**。預金については、認知症と診断された後でも後見人を付ければ引き出しが可能です。いっぽうの運用商品は、たとえ後見人が付いても換金しにくくなったり、逆に配当目的で保有を希望しているのに、後見人から売却を迫られたりすることもあります。

実際のところ、1億円を超える運用商品を持っていながら、認知症と診断されたために換金できず、相続対策もできなくなった例はたくさんあります。そのため**75歳を超えた頃からは、運用商品を少しずつ換金したり、家族信託（120ページ）の準備をしたりして、自分のお金が使えなくなるリスクを減らしましょう**。

認知症と診断された後の預金の扱いは?

銀行預金 ➡ 成年後見制度(法定後見)を利用して、後見人が付けば必要に応じた引き出しが可能

株式や投資信託などの運用商品 ➡ 価格変動商品は、後見人が付いても自由な換金が難しくなる
相続の際に継承するか、相続後に換金する場合も

70代以降は、運用商品を少しずつ解約して、
資産がロックされないように気をつけましょう。
解約したくない場合、家族信託を利用して
子供名義に変更すれば、
配当を引き出したり、売却できたりします

トラブルの原因になりそうなマイホーム以外の不動産は整理する

持ち家に住んでいる場合、住み慣れた家で人生を終えたいと考える人は多いでしょう。相続の際、マイホームについては優遇措置も設けられています。具体的には、亡くなった人と同居していた人、あるいは法定相続人の中で、賃貸住まいの人が相続する場合に、評価額を80％も引き下げてくれる「小規模宅地等の特例」が利用できるので、不動産を持っていることが有利にはたらきます。

大切なのは、「マイホーム以外の不動産」を保有している場合に、今後の取り扱いをどうするのか方針を決めておくことです。たとえば**共有名義の土地や別荘などは、相続で関係者が増えていくたびにトラブルも増えていく原因になる**からです。特に共有名義の不動産については、元気なうちに現金化して老後資金を増やすプランや、相続の際の納税資金を確保する方法なども検討しましょう。

また、**住まいが借地権の上に建てられている場合、相続時の名義書換で地主から「名義書換料」を要求されたり、借地期間の更新時期に当たって、「更新料」を要求されたりする**おそれもあります。更新時期は必ず確認しておきましょう。

マイホーム以外の不動産は売却の検討も

マイホーム → 相続の際、評価額をグンと下げられる可能性がある。相続人が住むための家であれば、持ち続けるのが自然。

セカンドハウスや別荘 → 現役時代と異なり、年金暮らしでは、保有コストを重く感じるケースも多い。
購入時より売却価格が下がっていても、売却を検討
別荘などで売りにくい場合でも、修理をしなくて済むように更地にすることなどを検討する。

投資物件 → 相続の際、条件によっては評価を下げられる特例が適用される。
相続後も賃貸を続けていきたいなら、保有継続もあり
築年数が30～40年を超えるなど、それほど遠くない将来的に建て替えの必要が出てきそうなら、売れるうちに売却を検討したい。

共有名義の物件 → 相続が繰り返されるうちに、関係者の人数が増え、関係者間の関係性も希薄になる。
損得よりも、できるだけ早く手放すことを検討したい。

入院したらいくらもらえるか今のうちに確認しておく

医療保険や死亡保険などに加入している方も多いと思いますが、死亡保障額や医療保障額を正確に把握していますか？　あいまいな方は一度確認しておきましょう。

死亡保障には、いつ亡くなってももらえる金額（終身保障）と、80歳などの一定年齢までに亡くなった場合にだけもらえる金額（定期保障）があります。

医療保障では、病気やケガで入院した場合、何日目から1日いくらの**「入院給付金」**がもらえるのかを確認しておきましょう。手術保障が付いている場合は、**「手術給付金」**の金額を、がん保険に加入している場合は**「がん診断給付金」**と**「がん入院給付金」**の金額をそれぞれ確認します。後述のノート（122ページ）などにこうした情報をまとめておくと、いざ入院が必要になったときにも安心です。

保障額に物足りなさを感じても、これから支払う保険料が安くないことを考えると、新たに保険に加入するのはおすすめできません。

これから加入を検討するなら、少額短期保険会社が扱っている「葬儀保険」を検討するのが無難でしょう。加入する際、葬儀の契約までできる葬儀保険もあります。

保障内容を一覧表で整理しておこう

保険の種類	保険会社	契約者	被保険者	保険金受取人	保障内容	保障期間	保険料
終身保険	○○生命	夫	夫	妻	死亡保障300万円	一生涯	払い込み済み
医療保険	××生命	夫	夫	夫	入院日額8000円	80歳	月額3000円
医療保険	△△生命	妻	妻	妻	入院日額5000円	80歳	月額2500円

●葬儀費用が心配な人は、葬儀保険に入る手もある

葬儀保険とは

少額短期保険で扱う死亡保険の一つ。月数千円程度の少額の保険料で、葬儀代に当たる30万〜200万円程度の保障が受けられる。

保険料が少額で申請してすぐに支払われるものが多いのがメリットです。ただ、掛け捨てなので、長期間の加入では払込額が保障を上回ることも…

認知症になったときのお金の不安は、家族信託で解決できる

家族信託とは判断能力があるうちに、家や金融商品の名義を子供に変更する方法です。認知症と診断されると、家を貸したり、売却したりするのが難しくなり、運用商品にいたっては亡くなるまで換金できなくなるケースもあります。家族信託を行えば、そのような不利益が起こるのを防げます。

基本的なしくみは、親が財産を委託する「委託者」になり、子供が「受託者」になって財産管理を請け負うというものです。その財産から発生する利益は、親に権利があります（親が「受益者」となります）。委託者、受託者、受益者の三者で構成されるのが家族信託の基本です。

たとえば親が持つ家を信託すると、子供名義の家になるので、親が認知症と診断された後でも、売却や賃貸に出すことができます。実質的な家の所有者は親のままであるため、名義を変更した時点では、贈与税は発生しません。

家族信託は認知症に備える点では検討したい方法ですが、相続税対策になるとはかぎりません。利用を検討する場合は、並行して相続対策を考えることも大切です。

家族信託のしくみは？

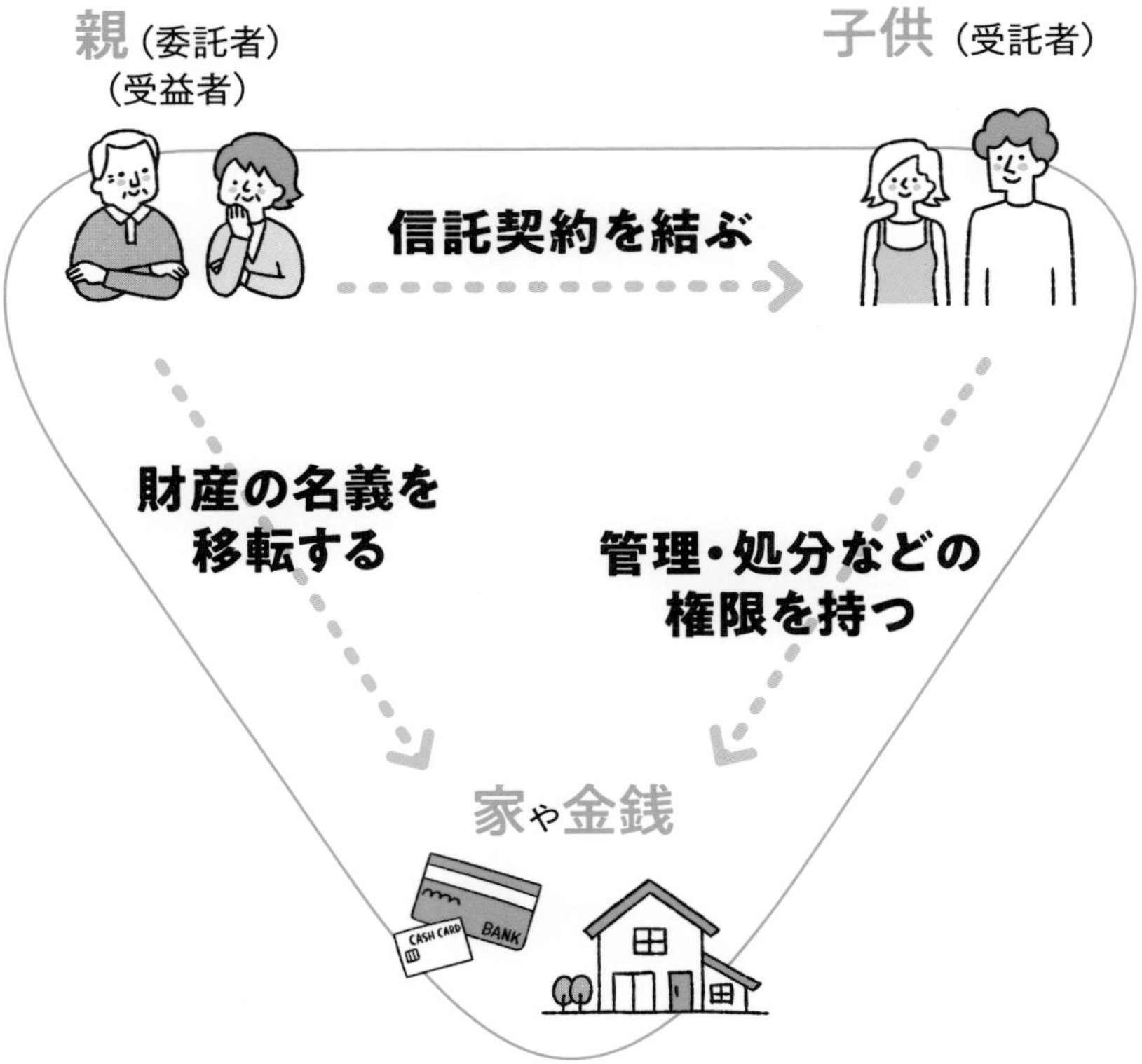

★名義は子供に移転するが、
実質的な資産の所有者は親のまま

★認知症と診断された後でも、
子供が処分（換金）などの手続きを行える

★信託契約を結んでも、
実質的な所有者は親のままなので贈与税は発生しない

あなたの想いをまとめた一冊のノートが家族の気持ちを一つにする

将来に備えて、エンディングノートを作成している方もいらっしゃるでしょう。最近は市販品もたくさん発行され、発行元ごとに記載内容も多岐にわたっています。市販のエンディングノートを手に入れて、空欄を埋めていくのもよいですが、できればオリジナルのノートを作成しませんか。既製品を利用するのはラクですが、必ずしも自分に必要な情報を書けるとはかぎらないからです。

オリジナルのエンディングノートのメリットは、ページを自由に使えること。**冒頭には、配偶者やお子さんたちに対する想いを書き込むのがおすすめ。想いをつづったら、相続方法についての親側の考え方も書いてみましょう**。遺言書には、相続財産の分け方を記入できても、どうしてそのような分け方を希望するのかまで書けないからです。親側はできるだけ公平な相続を希望しても、財産次第で叶わないケースもあります。そのような親側の想いをノートにていねいにつづっておくと、遺言だけのときより、親の想いは伝わりやすくなるはずです。

エンディングノートに書いておくこと

- 家族に対する想い
- 自分の基本情報
- 遺言書の有無
- 財産や資産について
  - ・預貯金（キャッシュカードや通帳の保管場所）
  - ・不動産（権利証、登記簿謄本など）
  - ・固定資産税納税通知書
  - ・生命保険、医療保険など
  - ・年金手帳
  - ・有価証券（取引報告書）
  - ・負債、契約書類
- 葬儀のスタイルやお墓・埋葬について
- 医療や介護の希望
- 親しい人の連絡先
- 定期購入サービスについて
- パソコンやスマホのID・パスワード
- ペットについて

エンディングノートは、記入形式が自由なのがメリット。
遺言に書ききれないような、思いをつづることで、
後々のもめごとが減らせます

家族信託を利用して配当金を受け取り続ける

斎藤佳史さん（82歳）

3年前、首都圏のケアハウスに入居した斎藤佳史さん（仮名・82歳）。入居時は自立でしたが、現在は要介護1の認定を受けています。斎藤さんの資産状況は、預金が約300万円、株を2400万円分ほど保有しています。

ケアハウスに入居する際、認知症に備えて株の売却を検討しましたが、年に約40万円もらえる配当金も月額費用に充てたいと考えました。そこで娘さんと相談した結果、株は家族信託を利用して、娘さん名義に変更しました。

入居して2年が経った頃、**認知症と診断された斎藤さんですが、家族信託のおかげで、今も配当金を受け取れています**。家族信託を利用しなかったら、配当金を引き出せなかったことを考えると、認知症への備えは間違っていなかったと感じているそうです。

家族信託を利用すれば、株の配当金を家族が引き出せます。投資家の方は準備しておきましょう

1億円を超える金融資産があっても、民間施設に入れなくなってしまった

吉川正さん（77歳） 吉川佳代子さん（78歳）

吉川正さん（仮名・77歳）と佳代子さん（仮名・78歳）は、夫婦揃って運用に励み、1億円を超える資産を保有しています。正さんは2年前に脳梗塞を患い、右半身にマヒが残りました。さらに、数か月前には認知症で要介護1と診断。佳代子さんは過去に大病を患ったこともあり、夫婦で介護付有料老人ホームへの入居を検討しました。

複数のホームを見学した結果、希望に合うホームが見つかりました。**入居一時金を支払うために、運用商品の換金を試みましたが、後見の手続きなどをしていなかったため認知症である正さんの解約はできませんでした。**吉川さんご夫婦の資産は約8割を運用商品が占めており、換金ができなければ、介護付有料老人ホームの入居一時金が支払えません。そのため、仕方なく在宅介護を受けています。

認知症になると運用商品は売却が難しくなることも。元気なうちに処分や家族信託を利用しましょう

70歳になったら「やりたいことリスト」を作成しよう

70歳を超えたら、この先の人生でやり遂げたいことをリスト化しましょう。「やりたかったのに、やれなかった」という、人生の後悔を減らすためです。

リストを作成する際は、やりたいことのほかに、実行時期や予算を書くのもポイント。実行できたことには○をつけていくと、「○を増やしていこう」という気持ちになれます。下に見本を載せましたので、127ページには自分のやりたいことを記入してみましょう。

「やりたいことリスト」の見本

実行時期	やりたいこと	予算	達成
2023年9月	夫婦でハワイ旅行	60万円	○
2024年10月	妻がフラダンスの発表会に出る!	2万～3万円	
2024年12月	夫が将棋教室に通い始める	月に6000円?	
2025年6月	夫婦で台湾旅行	40万円	
2025年8月	孫たちと温泉旅行	20万円	
2025年10月	海洋散骨模擬ツアーに参加する	1万円	
2025年11月	樹木葬のお墓を見学する	交通費のみ	
2026年1月	帝国ホテルに泊まる	10万円	
2026年6月	夫婦で北海道旅行	30万円	

「やりたいことリスト」をつくろう！

実行時期	やりたいこと	予算	達成

著者

畠中雅子　はたなか まさこ

ファイナンシャルプランナー。高齢期のお金を考える会代表。

新聞・雑誌・Webなどに多数の連載を持ち、セミナー講師、講演、相談業務などを行う。2002年から始めた高齢者施設の見学は300回を超えるなど高齢者施設への住み替えについても詳しく、アドバイスも行っている。近年ではフランス、オランダ、アメリカ、韓国などの海外の高齢者施設の見学に出かけるなど、海外の介護事情にも詳しい。

著書は『ラクに楽しくお金を貯めている私の「貯金簿」』（ぱる出版）、『ひきこもりのライフプラン』（岩波書店・斎藤環氏との共著）など、70冊を超える。

70歳からの人生を豊かにする

お金の新常識

著　者　畠中雅子
発行者　高橋秀雄
編集者　梅野浩太
発行所　**株式会社 高橋書店**
〒170-6014 東京都豊島区東池袋3-1-1 サンシャイン60 14階
電話　03-5957-7103

ISBN978-4-471-21089-2